JN124139

R言語入門

著者：長畑 秀和・中川 豊隆・山西 佑季

近代科学社Digital

まえがき

　この本は，Rを学ぶ入門書です．データ解析等を行うため，Rの使い方，解析する方法を学ぶことを目的としています．Rはインターネットからダウンロードできるフリーソフトです．世界中の統計研究者が利用していて，逐次新しいパッケージがupされています．ワード，エクセル等と同様に情報リテラシーとしてRを学習（実習）しておくことは大変役立ちます．また，データ解析を理解するには具体例について計算し，実行してみることが必要です．本書は，Rを利用して実際に計算し，解析手法を会得するための実習書にもなります．

　本書を大学の講義で利用される場合，コンピュータが利用可能な教室で例題等を解説後，Rを実行しながら進めていただき，受講された学生さんは自宅や情報実習室のコンピュータを動かして理解を深めていただければと思います．

　独学でRを学ぼうとされている方は，第1章でまずRをインストールしていただき，順に読み進めて，実際にコンピュータを動かしながら学習していただけたらと思います．この本ではRコマンダーの利用についても書いています．入力するファイル（データ）はダウンロードできます．それらのファイルを読み込んで，実行したい部分をドラッグして実行し，結果を確認しながら読みすすめてください．

　本書の構成を以下に簡単に述べておきます．第1章では，Rの導入と基本操作について述べています．第2章では扱うデータの入出力と演算について書いています．次に，第3章ではRでのプログラミングについて述べています．第4章ではRを使用してのデータの要約について，数値でのまとめ方とグラフ化に分けて書いています．第5章ではRコマンダーの使用法について，例題を通して説明しています．第6章では，検出力の観点からサンプル数の計算について書いています．さらに，付録としてRSudioの利用についても記載しています．

　本書では，Rのversionは R-4.1.0 で，Rコマンダーのversionは 2.7-1 で実行しており，Windowsの場合について説明しています．また本書の例題・演習で扱うデータは近代科学社のサポートページ（https://www.kindaikagaku.co.jp/support/）からダウンロード出来ます．ダウンロードしたファイルを例えばCドライブに解凍してご利用ください．

　なお，思わぬ間違いがあるかもしれません．また解釈も不十分な箇所もあると思いますが，ご意見をお寄せください．より改善していきたいと思っております．

　本書の出版にあたって編集部の山根加那子様には大変お世話になりました．細部にわたって校正頂き，大変お世話になりました．心より感謝いたします．最後に，日頃，いろいろと励ましてくれた家族に一言お礼を伝えたいと思います．

2023年3月

著者を代表して　長畑秀和

凡例（記号など）

以下に，本書で使用される文字，記号などについてまとめる.

① $\sum$ （サメンション）記号

普通，添え字とともに用いて，その添え字のある番地のものについて，$\sum$ 記号の下で指定された番地から $\sum$ 記号の上で指定された番地まで足し合わせることを意味する.

[例] 　• $\displaystyle\sum_{i=1}^{n} x_i = x_1 + x_2 + \cdots + x_n = x.$

② 順列と組合せ

異なる n 個のものから r 個をとって 1 列に並べる並べ方は

$$n(n-1)(n-2)\cdots(n-r+2)(n-r+1)$$

通りあり，これを $_n\mathrm{P}_r$ と表す. これは階乗を使って，$_n\mathrm{P}_r = \dfrac{n!}{(n-r)!}$ とも表せる. なお，$n! = n(n-1)\cdots 2\cdot 1$ であり，$0! = 1$ である (cf. <u>P</u>ermutation).

異なる n 個のものから r 個とる組合せの数は（とったものの順番は区別しない），先述の順列の数を，とってきた r 個の中での順列の数で割った

$$\frac{_n\mathrm{P}_r}{r!} = \frac{n!}{(n-r)!r!}$$

通りである. これを，$_n\mathrm{C}_r$ または $\dbinom{n}{r}$ と表す (cf. <u>C</u>ombination).

[例] 　• $_5\mathrm{P}_3 = 5 \times 4 \times 3 = 60,$ 　　• $_5\mathrm{C}_3 = \dfrac{5 \times 4 \times 3}{3 \times 2 \times 1} = 10$

③ ギリシャ文字

表　ギリシャ文字の一覧表

大文字	小文字	読み	大文字	小文字	読み
A	α	アルファ	N	ν	ニュー
B	β	ベータ	Ξ	ξ	クサイ（グザイ）
Γ	γ	ガンマ	O	o	オミクロン
Δ	δ	デルタ	Π	π	パイ
E	ε	イプシロン	P	ρ	ロー
Z	ζ	ゼータ（ツェータ）	Σ	σ	シグマ
H	η	イータ	T	τ	タウ
Θ	θ, ϑ	テータ（シータ）	Υ	υ	ユ（ウ）プシロン
I	ι	イオタ	Φ	ϕ, φ	ファイ
K	κ	カッパ	X	χ	カイ
Λ	λ	ラムダ	Ψ	ψ	サイ（プサイ）
M	μ	ミュー	Ω	ω	オメガ

なお，通常 μ を平均，σ^2 を分散を表すために用いることが多い.

目次

第5章　Rコマンダーについて

第6章　検出力の適用

付録 A　　RStudio の利用

## 第 1 章

R 入門

この章では R についての概略とその導入，基本的な操作の仕方について説明する．

1.1　Rの導入と基本操作

本節では，Rの概要およびインストール，起動，終了方法について説明する．また，Rコマンダーについても記している．

1.1.1　RとRコマンダー (Rcmdr) とは

Rは，ニュージーランドのオークランド大学のRobert Gentleman（現在ハーバード大学）とRoss Ihakaによって開発されたインタープリタ型の言語である．また，計算およびグラフ表示のための統合されたソフトウェアであり，統計処理・基本的な科学計算・グラフ処理などで活用できるフリーのソフトである．John Chambersと同僚によってベル研究所（以前はAT&T（今のルーセント・テクノロジー））で開発されていたS言語に似ている．実際，Rは様々な統計（線形・非線形のモデル化，古典的統計的検定，時系列分析，分類，クラスタリング，...）・グラフに利用でき，高度に拡張可能なソフトである．またオープンソースなので，もとのプログラムをみることができ，個人で自分用に変えて使用することができる．さらに，Rはパッケージをインストールすることによって容易に拡張することができる．

加えてパッケージのRコマンダー（Rcmdr）がJohn Foxによって作成され，メニュー方式での利用が可能となり，使いやすくなっている．またプラグインできるRコマンダーのパッケージも作成されている．

1.1.2　Rのインストール

インターネットで https://cran.ism.ac.jp/ にアクセスする．すると図1.1のような画面となる．Download R for Windows をクリックすると図1.2の画面となり，図1.2で install R for the first time をクリックすると図1.3が表示される．

図 1.1　ダウンロードのサイト

図 1.2　Windows 版のダウンロード画面

図 1.3　R-4.1.2win のフォルダ

そこで，<u>Download R 4.1.2 for Windows</u>[1] より R-4.1.2 をダウンロードし，作成したフォルダ（例えば フォルダ名：R-4.1.2win）に保存する．そして手順 1〜10 のように操作する．

手順 1　ファイル「R-4.1.2-win」をダブルクリックすると「R」のインストーラが起動する．すると図 1.4 のウィンドウが表れるので，実行をクリックする．

図 1.4　インストール開始

1　適宜 version を最新版で解釈する (62 megabytes, 32/64 bit：2021 年 11 月 01 日現在)

手順 2　図 1.5 の言語選択の画面で，日本語を選び $\boxed{\text{OK}}$ をクリックする.

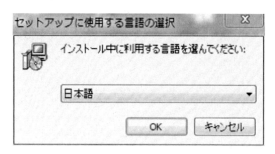

図 1.5　言語選択画面

手順 3　図 1.6 のライセンス条項を読み，$\boxed{\text{次へ (N)} >}$ をクリックする.

図 1.6　ライセンス条項確認画面

手順 4　図 1.7 の画面で R をインストールするフォルダ（ここでは「C:¥Program Files¥R¥R-4.1.2」とする）を指定し，$\boxed{\text{次へ (N)} >}$ をクリックする.

図 1.7　インストールするフォルダ指定画面

手順5　パソコンが64ビットであれば，64ビット版の方が処理が速いのでそちらを選ぶ．そしてインストールする項目の確認のため，図1.8のチェック項目を確認後， 次へ (N) ＞ をクリックする．

図 1.8　インストールする項目チェック画面

手順6　図1.9の画面で， 次へ (N) ＞ をクリックする．カスタマイズは慣れてからしたほうがよいと思われるのでいいえを選択する．

図 1.9　カスタマイズ選択画面

手順7　図1.10のアイコン設定画面で， 次へ (N) ＞ をクリックする．

図 1.10　アイコン設定画面

手順 8　図 1.11 のプログラムグループ指定画面で, 次へ (N) ＞ をクリックする.

図 1.11　プログラムグループ指定画面

手順 9　起動するときにデスクトップ上にアイコンがあれば便利と思われるので, 図 1.12 の
チェック項目を確認後, 次へ (N) ＞ をクリックする.

図 1.12　チェック項目画面

手順 10　インストールが開始され, 図 1.13 のようにインストール中画面を経て, しばらくして
終了すると図 1.14 の画面となるので, 完了 (F) をクリックし, 終了する. すると R のアイコ
ン (図 1.15) がディスプレイ上に作成される.

図 1.13　インストール中の画面

図 1.14　インストール完了画面

図 1.15　R のアイコン

1.1.3　Rの起動, 入力方法と終了

　R を起動するには, 以下の 2 通りがある.

① デスクトップ上に作成したショートカットのアイコンをダブルクリックする.

② 画面左下の【スタート】をクリック後,【すべてのプログラム (P)】▶【R】▶
【R × 64 4.1.2】を選択し, クリックする.

　①または②の方法で R を起動すると, 図 1.16 のようなウィンドウ (Rgui ウィンドウ) が開かれる.

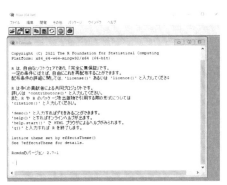

図 1.16　R の起動画面

　Rgui ウィンドウはメニュー部分と R Console(コンソール) ウィンドウに分けられる. R Console ウィンドウはコマンドで R を操作する作業画面で, R でのデータ加工, 解析等を行う場所である.

　プログラムを実行するには，R Console ウィンドウのプロンプト「>」の後にコマンドを入力し Enter キーを押す．なお，プロンプトは入力促進記号で入力待ちであることを意味する．すると実行結果が表示される．また，R Graphics(グラフィックス) ウィンドウは，グラフが表示される画面である．

　簡単な実行例として，R Console 画面でコマンドとして「>」の次に 1+2 をキー入力し Enter キーを押すと，計算結果の 3 が R による実行結果として表示される．「>」部分が入力コマンドである．なお，# の後の行はコメント行となり，プログラムに影響を与えない．

```
┌─ R Console ─────────────────────────────

  > 1+2  #1+2 を計算し表示する
  [1] 3
  >

└──────────────────────────────────────────
```

　「R」を終了するには，以下の 3 通りがある．

① R Console 画面でコマンドとして「>」の次に q() (quit()) をキー入力し ENTER キーを押す．
② 閉じるボタン ☒ をクリックする．
③ メニューバーの【ファイル】▶【終了】をクリックする．

　すると画面に，「作業中に作成したオブジェクト（データ，変数，関数など）を保存しますか」と表示されるので，保存する場合は はい (Y) を，保存しない場合は いいえ (N) をクリックする．

(補 1-1) なお，R にはインストールしたときに入っている基本パッケージと後からインストールできる拡張パッケージがあり，最新のものは逐次インターネットを通じてインストールできる．ここではパッケージの lpSolve をインストールする場合を例として行ってみよう．
インターネットに接続した状態で図 1.16 の R の起動画面において，メニューバーの【パッケージ】から【パッケージのインストール...】を選択後，【CRAN mirror】から例えば【Japan(Tokyo)】を選択し OK をクリックする．さらに【Packages】から【lpSolve】を選択し，OK をクリックするとインストールが始まり，少しして完了する．その後，R Console 画面で「library(lpSolve)」と入力することで，ライブラリの「lpSolve」が利用可能となる．詳しくは参考文献 [A2] を参照されたい．◁

● R を携帯する場合の使い方[2]
　R を携帯して利用したい場合，インストールした R4.1.2 のディレクトリを USB メモリ，CD などに丸ごとコピーし，「R-4.1.2\ bin\x64」フォルダにある「Rgui –sdi.exe」をクリックして

───

2　　参考文献にあるウェブページ RjpWiki[C2] からもインストールの仕方についての詳しいページを見ることができる．

実行する.

1.1.4　Rコマンダーパッケージのインストール

ここではパッケージのRコマンダーをインストールしよう.

手順1　インターネットに接続した状態で図1.16のRの起動画面において, メニューバーの【パッケージ】から【パッケージのインストール...】を選択する (図1.17).

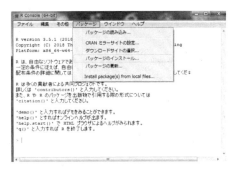

図 1.17　パッケージ選択インストール画面

手順2　まずどこからパッケージをインストールするか決めるため, インストールサイト選択画面 (図1.18) の, 【Source CRAN mirror】から例えば【Japan(Tokyo)】を選択し, OK をクリックする.

図 1.18　インストールサイト選択画面

手順3　次にどのパッケージをインストールするかを決めるためパッケージ選択画面 (図1.19) が表示されるので, 【Packages】から【Rcmdr】を選択, OK をクリックするとインストールが始まり, 少しして完了する. すると図1.20のような画面となる.

図 1.19　パッケージ (Rcmdr) 選択画面

図 1.20　R コマンダー完了画面

1.1.5　R コマンダーの起動と終了

① R コマンダーの起動

　以下のように R Console ウィンドウに，「library(Rcmdr)」と入力し，$\boxed{\text{ENTER}}$ キーを押すと図 1.21 の起動画面になる．なお，1.1.3 項でも記したように，#はコメントを示している．入力した内容が分かるように記述することが多い．また，#以下の内容は処理に影響を与えない．

```
┌─ R Console ─────────────────────────────

> library(Rcmdr) #パッケージ Rcmdr の起動

└─────────────────────────────────────────
```

　初回は不足しているファイルをダウンロードする．起動前に警告のメッセージが出るので，$\boxed{\text{はい（Y）}}$ をクリックし，次のダイアログボックスで $\boxed{\text{OK}}$ をクリックする．少し待つとインストールが完了し，R コマンダーの起動画面（図 1.21）が現れる．

図 1.21　Rコマンダー起動画面

　起動画面は，画面上部にメニューバーがある．その下にあるのがRスクリプトのウィンドウ
で，ここにコマンド（命令）を入力して実行する．その入力コマンドと実行結果を表示するの
が，その下の出力ウィンドウである．さらに下に，実行結果等に関するコメントが表示される
メッセージウィンドウがある．

② RとRコマンダーの終了

　【ファイル】　▶【終了】▶【コマンダーとRから】をクリック後，[OK]をクリックする．
Rコマンダーのみ終了する場合は，【ファイル】　▶【終了】▶【コマンダーから】をクリッ
ク後，[OK]をクリックする．

③ Rコマンダーの再起動

　R Consoleウィンドウに以下のように入力して実行するとRコマンダーが再起動される．

```
 R Console
> Commander()
```

1.1.6　RコマンダーをUSBメモリに入れる場合

　RコマンダーをUSBフラッシュメモリなどに入れたい場合は，2つのフォルダ（ここでは
「R.4.1.2」と「WADAT」とする）を作り，「R.4.1.2」にR4.1.2.のソフトを入れ，「WADAT」に
は使うデータ（例えばExcelの「rei.csv」）を入れる．
　Rコマンダーを起動するには，以下のように順にクリックする．

　　　「R-4.1.2」フォルダ　⇒　「bin」フォルダ　⇒　「x64」　⇒　「Rgui–sdi」ファイル

実行するには，メニュー操作をするか，R スクリプト画面にコマンドを入力し，実行範囲をドラッグしながら実行していく．

　なお，データを読み込む際は「WADAT」フォルダに保存した csv 形式のファイルを使用する．また，R を利用したいとき，R コマンダーが自動的に起動するように，「etc」フォルダの「Rprofile.site」ファイルに，次の 1 行を追加して保存する（1 度ファイルを削除してから，保存する）．

options(defaultPackages＝c(getOption("defaultPackages"),"Rcmdr"))

　また，終了するには閉じるボタン ⊠ を逐次クリックする．

1.2　Rの設定

　作業がしやすくなるように R の設定をしておくと便利である．

● ソースプログラムの読み込み

　自作または他の R の関数を最初に読み込んでおくには，R のメニューバーの【ファイル】をクリック後，【R コードのソースを読み込み ...】を選択し，ファイルのあるディレクトリを指定して読み込む．すると，読み込んだ関数が使用可能となる．

● 入出力画面の設定

　R の入出力で使用する文字を変更するする場合，【編集】▶【GUI プリファレンス..】を選択すると図 1.22 が表示される．そして，例えば「size」の欄で数値を変更すると，表示される文字サイズを変更することができる．

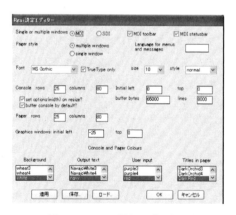

図 1.22　Rgui 設定エディター

● 作業ディレクトリの変更の仕方

　R で作業を行う場所は**作業ディレクトリ**（working directroy）とよばれる．作業を行う場所

（ディレクトリ）を指定したり，データをどこから読み込むかを指定しておくと次の作業がしやすい．

① コマンドによる方法として

R Console画面かRスクリプトウィンドウに「getwd()」か「setwd()」を以下のように入力する．

```
┌─ Rスクリプトウィンドウ ──────────────────

getwd() # 現在のディレクトリを表示する
setwd() # 設定したいディレクトリを () 内に入力し，設定する
```

② メニューバーからの指定

【ディレクトリの変更...】から　【ブラウズ】をクリック後，表示したいディレクトリを選択する．

●SDIの設定

Rコマンダーを使用する場合には，同時に2つ以上のウィンドウの表示はできないので，図1.22の一番上の行で「SDI」（Single Document Interface：単一のウィンドウ画面の表示）にチェックをいれて保存しておいて，Rを起動する．すると1画面でRコマンダーが立ち上がる．また，デスクトップにあるRのショートカットのアイコンを右クリックし，「プロパティ (R)」をクリックすると図1.23が表示されるので【ショートカット】タブの【リンク先 (T)】の最後に--sdi.exeを追記しても同じことである．

図 1.23　プロパティ

作業ディレクトリについては，プロパティの【作業フォルダー (S)】に「C:¥WADAT」のように利用するデータのあるフォルダを入力することで，Rコマンダーでファイルを読み込む際に「WADAT」を探しにいくように設定することができる．

## 第 2 章

データの入出力と演算

この章では R についての基本的な使い方について概説する．データの直接的な扱い方について具体例を用いて説明した後，データファイルの作成および入出力について説明する．

なお，本章および第 4 章，第 5 章では「WADAT」フォルダおよび「WADAT」フォルダに格納したデータを読み込む操作を記しているため，まえがきに記載のサポートページからデータをダウンロードすることを推奨する．

2.1　データと変数

データには実数 (numeric)，複素数 (complex)，文字 (character)，文字列，論理値 (logical) などの型があり，ベクトル，行列，配列，データフレーム，リストとして扱うことができる．変数はそれらのデータを入れて色々移動したり置き換えたりする入れ物である．

ベクトルは，同じ型のデータを（縦または横の）1 方向に一定の順にまとめたものである．**行列**は，同じ型のデータを縦と横方向の平面に並べて長方形にしたものである．**配列**は，ある次元のデータを各要素として配置したものである．**データフレーム**は，数値ベクトル，文字ベクトルなどの異なる型のデータをまとめて 1 つのデータとしたものである．**リスト**は，ベクトル，行列，配列などの異なる型を 1 つのオブジェクトとして扱うことが可能なデータである．

データ，プログラムなどを入力・編集する方法としては，以下のような方法がある．

① R Console(R コンソール) ウィンドウ上での直接入力

1 行入力する度に エンターキーにより実行する．入力が継続する場合には改行され，先頭に ＋ が自動的に表示され，続けて入力を行う．この入力方法は途中でエラーなどにより中断した場合，それまで入力した部分は保存されないため，行数が多い入力には適さない．

② R Editor(R エディタ) の利用

R エディタ（「R」専用のエディタ），メモ帳，エクセルなどを利用して，データ，プログラムなどを入力し保存する．そして，入力したプログラムなどを R Console 上に貼り付けるか，読み込んで利用する．プログラムが正常に動作しない場合は，エディタで修正し，それを貼り付けて実行する操作を繰り返す．

R Editor を立ち上げた状態で R Editor にコマンドを入力し，CTRL キーと R キーを同時に押す（これを CTRL ＋ R と表記する）と実行結果が R Console ウィンドウに表示される．入力した内容は，R ファイルとして保存できる．

以下に具体的な R Editor の利用方法を示す（R コマンダーでの R スクリプトでの入力もほぼ同じ）．

手順 1　R を立ち上げ，メニューバーの【ファイル】から【新しいスクリプト】を選択する（図 2.1）．

図 2.1　新しいスクリプトの選択画面

手順2　R Editorが起動するので（図2.2），このエディタに実行したい計算式などを入力する．

図 2.2　R Editor の起動画面

手順3　計算したい式，ここでは簡単な例として2+3, 2-3, 2×3, 2÷3, 2^3, $\sqrt{2}$ を計算する．R では，$2+3, 2-3, 2*3, 2/3, 2\wedge3, 2\wedge(1/2)$ などを入力する（図2.3）．なお，各記号の意味などの詳細は2.3節を参照してほしい．

図 2.3　計算式の入力と範囲指定画面

手順4　計算する式の範囲をドラッグして範囲指定し，右クリックにより選択画面を表示する（図2.4）．

図 2.4　実行選択画面

手順5　【カーソル行または選択中のRコードを実行】をクリックすると計算結果がR Console ウィンドウに表示される（図2.5）．

図 2.5　計算実行結果画面

　また，R Editor のメニューバーの【編集】で【全て実行】をクリックすると入力した式全ての計算がされ，実行結果が R Cronsole ウィンドウに表示される（図 2.6，図 2.7）.

図 2.6　編集から実行を選択する画面

図 2.7　計算実行結果画面

手順 6　実行したプログラムの保存をするため，R Console のメニューバーの【ファイル】から【ファイルを保存...】を選択し，クリックする（図 2.8）.

図 2.8　プログラム保存画面

手順7 保存するフォルダを指定する画面が表示される（図 2.9）ので，ファイル名（ここでは「rei.txt」とする）を入力し，保存 (S) をクリックする．

図 2.9 プログラムの保存画面

手順8 保存したプログラムを呼び出すには，メニューバーの【ファイル】から【スクリプトを開く...】を選択し，クリックする（図 2.10）．

図 2.10 プログラムを呼び出す画面

手順9 呼び出すファイルのあるフォルダを選択し，ファイルを指定し，開く (O) をクリックする（図 2.11）．

図 2.11 呼び出すファイルの指定画面

③ R コマンダーの R スクリプト（Script) の利用（R Editor の場合と同様に利用する）

R コマンダーを起動したときに表示されるウィンドウである R スクリプトにコマンドを入力

して，実行してみよう．

手順 1　R コマンダーの画面の上側の R スクリプトウィンドウに，計算したい式などを入力し（図 2.12），実行したい部分をドラッグして中程にある 実行 をクリックすると実行結果が出力ウィンドウに表示される（図 2.13）．

　ファイルを保存，読み込む場合は前述の R Editor の利用と同様である．例えば，「rnyumon.txt」ファイルを読み込んで実行してみよう．

図 2.12　計算式の入力

図 2.13　実行範囲指定と実行画面

手順 2　メニューバーの【ファイル】から【スクリプトファイルを開く...】を選択する（図 2.14）．

図 2.14　プログラムを呼び出す画面

　呼び出すファイルのあるフォルダを選択し，右下のファイルの指定を【全てのファイル】としてファイルを指定し，開く (O) をクリックする（図 2.15）．

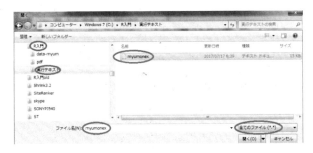

図 2.15 呼び出すファイルの指定画面

手順 3 図 2.16 のようにファイルが開かれるので，実行したい部分をドラッグし，実行をクリックする．

図 2.16 実行画面

2.2 データの入出力

ここでは，数値データを各タイプに分けて計算の仕方について説明する．具体的には，単一の数からなる**スカラー**，いくつかの数を縦または横に並べた**ベクトル**，長方形に数が並べられた**行列**などに分けて計算を行う．

2.2.1 直接入力

① スカラー（数）の場合

2 つの数 1,2 を変数 x,y にそれぞれ代入し，四則演算，べき乗計算を行って表示するにはどのようにしたらよいだろうか．

まず，R スクリプトウィンドウに x<-1 と入力する．これで x に 1 を代入することができた．x=1 でもよい．同様に R スクリプトウィンドウに y<-2 と入力することにより，y に 2 を代入する．その後 x+y により加算を計算し，結果 3 を表示する．同様に，減算 x-y，積 $x \times y$(R で x*y)，割り算 $x \div y$ (R で x/y) を計算し表示する．また，2 の 3 乗 2^3 (R で 2 ^ 3) を計算し，表示する．

```
┌ 出力ウィンドウ ─────────────────────────────────

 > x<-1 #x=1 でも可，x に 1 を代入する
 > y<-2 #y=2 でも可，y に 1 を代入する
 > x+y
 [1] 3
 > x-y
 [1] -1
 > x*y
 [1] 2
 > x/y
 [1] 0.5
 > 2^3 #2 の 3 乗
 [1] 8
```

② ベクトルの場合

2 つのベクトルの成分を表示するにはどうしたらよいだろうか．

5 個の数 1,2,3,4,5 をベクトル x に代入するには，combine または concatenate の c を使って，R スクリプトウィンドウに x<-c(1,2,3,4,5) と入力する．左から順に x の第 1 成分 x[1] に 1，第 2 成分 x[2] に 2，第 3 成分 x[3] に 3，第 4 成分 x[4] に 4，第 5 成分 x[5] に 5 が代入されている．

```
┌ 出力ウィンドウ ─────────────────────────────────

 > x<- c(1,2,3,4,5) #x にベクトル 1,2,3,4,5 を代入する
 > x #x を表示する
 [1] 1 2 3 4 5
 > x[1] #x の第 1 成分を表示する
 [1] 1
 > x[4] #x の第 4 成分を表示する
 [1] 4
```

③ 行列の場合

3 行 4 列の行列に 1 から 12 の整数を入力して，例えば 2 行 3 列の成分を表示するにはどうすればよいだろうか．

まず，3 行 4 列の行列 A に 1：12 により 1 から 12 の数の列を，逐次行から先に上から下へ代入していくには，R スクリプトウィンドウに A<-matrix(1:12,3,4) と書く．すると行列 A の i 行 j 列の成分 A(i, j) は，A[i, j] で表示される．

```
┌ 出力ウィンドウ ─────────────────────────────────

 > A<-matrix(1:12,3,4) # 1 列の上から下,2 列の上から下... と順に代入する.
```

```
> A #行列 A を表示する
     [,1] [,2] [,3] [,4]
[1,]    1    4    7   10
[2,]    2    5    8   11
[3,]    3    6    9   12
> A[1,1] #行列 A の第 1 行 1 列成分を表示する
[1] 1
> A[1,2] #行列 A の第 1 行 2 列成分を表示する
[1] 4
> A[2,3] #行列 A の第 2 行 3 列成分を表示する
[1] 8
> B<-matrix(1:12,3,4,byrow=T)# byrow ＝ T より 1 行の左から右, 2 行... と順に代入する.
> B #行列 B を表示する
     [,1] [,2] [,3] [,4]
[1,]    1    2    3    4
[2,]    5    6    7    8
[3,]    9   10   11   12
> B[2,1] #行列 B の第 2 行 1 列成分を表示する
[1] 5
> B[2,3] #行列 B の第 2 行 3 列成分を表示する
[1] 7
```

④ 配列の場合

3 次元以上の配列を定義するには, array を用いる. 2 次元の配列を 3 次元目の数用意し, 1 から 24 までの整数を逐次 2 行 3 列の行列で 3 個のシートに代入するには以下のようにする.

┌ 出力ウィンドウ ─

```
> A<-array(1:24,c(2,4,3)) # 3 次元配列にしたデータを A に代入
> A #配列 A を表示する
, , 1
     [,1] [,2] [,3] [,4]
[1,]    1    3    5    7
[2,]    2    4    6    8
, , 2
     [,1] [,2] [,3] [,4]
[1,]    9   11   13   15
[2,]   10   12   14   16
, , 3
     [,1] [,2] [,3] [,4]
[1,]   17   19   21   23
[2,]   18   20   22   24
```

```
> A[1,2,1] #配列 A の (1,2,1) 成分を表示する
[1] 3
> A[1,2,2] #配列 A の (1,2,2) 成分を表示する
[1] 11
> A[1,2,3] #配列 A の (1,2,3) 成分を表示する
[1] 19
```

配列変数を定義（用意）する場合，変数である入れ物を多く用意しておいて，数や文字を代入するにはどのように書けばよいのだろうか．

まず配列変数を定義し，その後代入する．数値の配列変数を 5 個用意するには a<-numeric(5) のように書き，文字列の配列変数を 3 個用意するには moji<-character(3) のように書く．そして数を代入する場合，a[1]=1;a[2]=3;a[3]=5;a[4]=6;a[5]=2 のように書く．また文字列を代入する場合には，moji[1]="abc";moji[2]="de";moji[3]="f" のように書く．

出力ウィンドウ

```
> a<-numeric(5) # 5 個の配列変数 a[1],・・,a[5] を定義する
> for (i in 1:5) a[i]=i
> a
[1] 1 2 3 4 5
> moji<-character(3)   # 3 個の配列変数 moji[1],・・,moji[3] を定義する
> moji[1]="a";moji[2]="b";moji[3]="c"   #文字 a,b,c を順に代入する
> moji   #moji を表示する
[1] "a" "b" "c"
```

以下に 1000 個の配列変数を用意し，そこへ 1000 個の標準正規乱数を生成して代入し，100 番目の配列変数の値を表示した場合を示す．また，その後それらの平均と分散を計算した．

出力ウィンドウ

```
> x<-numeric(1000) # 1000 個の配列変数 x[1],・・,x[1000] を定義する
> x<-rnorm(1000) #1000 個の標準正規乱数を配列変数 x に代入する
> x[100] #x[100] を表示する
[1] 0.6501349
> mean(x) #x の平均を計算し表示する
[1] -0.02443394
> var(x) #x の分散を計算し表示する
[1] 0.9809664
```

(参考) 数値を同じ増分で逐次定義するには，seq(初期値, 終値, 増分) のように書く (初期値, 終値, 増分とも書く). 同じ数値または文字列を繰り返し定義する場合には rep(数, 繰り返し数) のように書く.

　初期値を 1 で増分を 0.1 として終値 2 である数列を表示し，1 から 2 までを 10 等分した数値を表示してみよう．次に，rep(1,3) により 1 を繰り返し 3 回表示してみよう．rep(1:3,3) により，1 から 3 までの整数を繰り返し 3 回表示しよう．また rep(c("a","b"),3) により，文字のベクトル ("a","b") を 3 回繰り返し表示しよう．

出力ウィンドウ

```
> seq(1:2,by=0.1) #列
 [1] 1.0 1.1 1.2 1.3 1.4 1.5 1.6 1.7 1.8 1.9 2.0
> seq(1,2,length=10)
 [1] 1.000000 1.111111 1.222222 1.333333 1.444444 1.555556 1.666667 1.777778 1.888889
 2.000000
> rep(1,3)    #繰返し
 [1] 1 1 1
> rep(1:3,3)
 [1] 1 2 3 1 2 3 1 2 3
> rep(c("a","b"),3)
 [1] "a" "b" "a" "b" "a" "b"
```

2.2.2　ファイルからの入力

① read.table，read.csv の利用

　まず，Excel などによりデータファイルを作成しておき，それを R Console 上の read.table コマンドに読み込む．具体的に以下で実行してみよう．なお，入力するデータの内容は表 2.1 とする．

表 2.1　データ

namae	eigo	sugaku	kokugo
aoki	54	90	45
itou	65	50	85
ueda	80	75	65
eto	75	60	55
ota	70	80	75

Excel によりワークシートで図 2.17 のようにセルにデータを入力する．

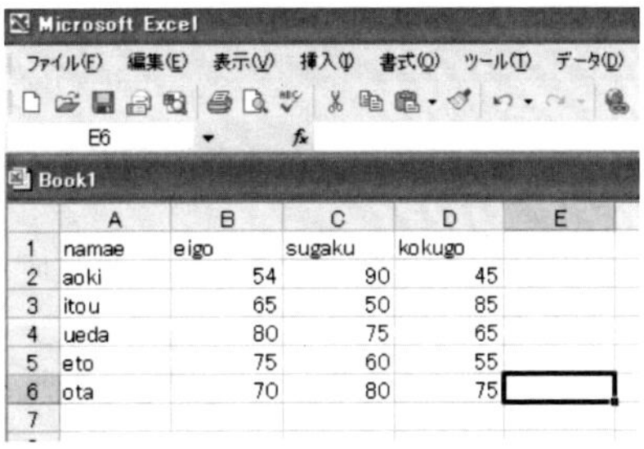

図 2.17　Excel によるデータ作成画面

データを入力後，メニューバーの【ファイル】から【名前を付けて保存 (A)】を選択し，【ファイルの種類 (T)】としてプルダウンメニューから【テキスト（タブ区切り）】や CSV ファイル形式などを指定する．そして，「ファイル名 (N)」（ここでは test）を入力し，保存 (S)をクリックする（図 2.18）．

図 2.18　データ保存画面

すると，図 2.19 のような画面が表れるので，OKをクリックする．さらに，図 2.20 のような画面が表れるが，そのままはい (Y)をクリックする．

図 2.19　選択シートのみの保存の指定画面

図 2.20　Excel によるデータ作成画面

次にデータを読み込むディレクトリを変更しておくため，図 2.21 のように R スクリプトウィンドウのメニューバーの【ファイル】から【ディレクトリの変更...】を選択する．

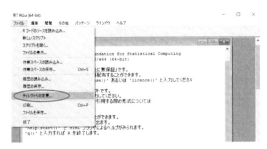

図 2.21　ディレクトリの変更画面

　図 2.22 で「フォルダの参照」からデータを保存しているフォルダ（ここでは,「WADAT」の下のフォルダである章のフォルダ「2syo」,「4syo」,「5syou」のうち「2syo」を使用する）を選択し,［OK］をクリックする.

図 2.22　フォルダの指定画面

　そして, R Console 画面でデータファイルを読み込むには次のように入力する.

　元データの 1 列目を行変数の名前とし, test に変数を取り込んでテキストファイル text.txt を読み込む. csv ファイルを読み込む場合をその下に書いていて, 表示する場合は test を入力し［Enter］キーを押す. なお, header=T は, データの第 1 行が列のラベルであること示し, row.names=1 は, 第 1 列が行のラベルであることを示している.

　また, 関数 read.csv による読み込みでは, read.csv("*.csv",row.names=1) のように入力し, 関数 read.table による読み込みでは, read.table("*.csv",header=T,row.names=1) のように入力する.

```
┌ 出力ウィンドウ ─────────────────────────────────

> test<-read.table("test.txt",header=T,row.names=1)
# test.txt を読み込んで test に代入する.
#row.names=1 は第 1 列が行のラベルであることを示す.
>#test<-read.table("test.csv",header=TRUE,sep=",",row.names=1)csv ファイルの場合
> test # test の表示をする.
     eigo sugaku kokugo
aoki   54     90     45
itou   65     50     85
```

```
ueda    80    75    65
eto     75    60    55
ota     70    80    75
```

次に関数 apply を適用して，読み込んだファイルの行（人）ごと合計を表示している．さらに列（科目）ごとに合計を求めている．

─ 出力ウィンドウ ─

```
> apply(test[,1:3],1,sum) #行和を求め表示する　apply(test,1,sum) でもよい.
aoki itou ueda  eto  ota
 189  200  220  190  225
> apply(test[,1:3],2,sum) #列和を求め表示する mean(平均),var(分散) などもある.
  eigo sugaku kokugo
   344    355    325
```

演習 2-1　以下のデータを Excel で作成し，csv ファイルで保存し，読み込んでみよう．

表 2.2　データ

No	身長	体重	性別	血液型
1	172	65	M	A
2	156	52	F	AB
3	168	58	M	B
4	160	56	F	O
5	175	70	M	A

② **scan の利用**

scan は走査するという意味があり，データを走査して読み込むことになる．

まず，以下の数値のみのデータを，ファイル名を ex.txt として作成する．ここでは，C ドライブの「WADAT」フォルダの下の「2syo」というフォルダに作成する．

$$1\quad1\quad1\quad1\quad2\quad2\quad2\quad2\quad3\quad3\quad3\quad3$$

例えばメモ帳を使ってデータを入力し，図 2.23 のように【名前をつけて保存 (A)...】をクリックし，図 2.24 のように「2syo」フォルダを選択して保存する．そして，R Console(コンソール) 上で次のように読み込む．

─ R Console ─

```
> scan("ex.txt") # または scan("C:/WADAT/2syo/ex.txt")
# ディレクトリを直接指定する場合は後半の入力をする.
Read 12 items
 [1] 1 1 1 1 2 2 2 2 3 3 3 3
```

図 2.23 メモ帳によるデータ保存指定画面

図 2.24 メモ帳によるデータ保存フォルダの指定画面

2.2.3 ファイルへの出力

① write.table の利用

データをファイルに書き込むには，write を使い，「write(データ，ファイル名)」のように書く．書き込んだファイルは読み込んで利用できる．

（例）メモ帳などに「write(data,"C:/WADAT/2yo/out.txt")」 と入力し，現在扱っているデータを例えば「WADAT」フォルダ内「2syo」のフォルダに「out.txt」というファイル名で保存する．

以下のように scan で読み込んで，write で書き込む練習をしてみよう．

```
出力ウィンドウ

> data<-scan("ex.txt")
Read 12 items
> data
 [1] 1 1 1 1 2 2 2 2 3 3 3 3
> write(data,"out.txt")
> scan("out.txt")
Read 12 items
 [1] 1 1 1 1 2 2 2 2 3 3 3 3
```

② sink の利用

R スクリプトウィンドウで，コンソールに返される内容をファイルに出力する場合には関数 sink を用い，次の sink() までの結果を保存する．

（例）メモ帳などに「sink("C:/WADAT/2syo/kek.txt")」と入力し，データを「WADAT」フォ

ルダの下の「2syo」フォルダに「kek.txt」というファイル名で保存する．以下で sink で書き込み（表示），さらに関数 read.table で読み込み表示する練習をしてみよう．

```
─ 出力ウィンドウ ─

> sink("kek.txt") # 以後の出力を kek.txt ファイルに書く.
> i<-1:5;i # i に 1 から 5 を代入し，i を出力する.
> sink() # ファイルへの書込みを終了する.
> sink(type="message") # 画面に表示する.
> (read.table("kek.txt",header=F)) #読み込んで表示する.
# kek.txt を読んで表示する.
   V1 V2 V3 V4 V5 V6
1 [1]  1  2  3  4  5
```

2.2.4　データの編集

データサイズの確認, データの修正, 結合, 削除, 並替えなどを行うために，表 2.3 のような関数がある．

表 2.3　データの操作に関連して

表　記	意　味
nrow()	行の数
ncol()	列の数
length()	データの長さ
dim()	行列, 配列のサイズ
names()	データ項目に名前を付ける
colnames()	列に名前を付ける
rownames()	行に名前を付ける
rm()	オブジェクトを削除する
ls()	オブジェクトのリストを返す
edit()	エディタの起動
fix()	オブジェクトの編集
rbind	データの行を縦に結合
cbind	データの列を横に結合

　x に c(1,2,3,4,5) を代入し，3 行 4 列の行列 A に成分のすべてに 0 を代入し，2 行 4 列の行列を 3 次元にした配列 B の成分に 1 から 24 の整数を代入する．その後，x，A，B の次元を表示する．そしてそれぞれの列の大きさを表示する．x の成分の個数を length(x) で表示する．そして，A をデータフレーム化して表示する．

```
─ 出力ウィンドウ ─

> x<- c(1,2,3,4,5);A<- matrix(0,3,4);B<-array(1:24,c(2,4,3))
> dim(x);dim(A);dim(B)
```

```
NULL
[1] 3 4
[1] 2 4 3
> ncol(x);ncol(A);ncol(B) # それぞれの列の大きさを表示する.
NULL
[1] 4
[1] 4
> length(x) # ベクトル x の成分数 (長さ) を表示する.
[1] 5
> DA<-data.frame(A) # A をデータフレームとして DA に代入する.
> DA
  X1 X2 X3 X4
1  0  0  0  0
2  0  0  0  0
3  0  0  0  0
```

test.txt ファイルを読み込んで，表示しよう．その後，test の変数名を表示し，test の列変数名を表示し，test の行変数名を表示しよう．

┌─ 出力ウィンドウ ─────────────────────

```
> test<-read.table("test.txt",header=T)
# ヘッダー有りで test.txt を読み込んで test に代入する.
> test # test の表示をする.
  namae eigo sugaku kokugo
1  aoki   54     90     45
2  itou   65     50     85
3  ueda   80     75     65
4   eto   75     60     55
5   ota   70     80     75
> names(test) # test の変数名を表示する.
[1] "namae"  "eigo"   "sugaku" "kokugo"
> colnames(test) # test の列変数名を表示する.
[1] "namae"  "eigo"   "sugaku" "kokugo"
> rownames(test) # test の行変数名を表示する.
[1] "1" "2" "3" "4" "5"
```

なお，データの編集を表形式で行う場合，関数 fix か edit を用い，次のように入力する．ただし，あまり使い勝手は良くない．

39

```
┌─ R スクリプトウィンドウ ───────────────────────────────────┐
│                                                              │
│  rei=data.frame()                                            │
│  fix(rei)                                                    │
│  # または edit(rei) ファイル rei を R のエディタで編集する.   │
│                                                              │
└──────────────────────────────────────────────────────────────┘
```

　また，新しいスクリプトを開きデータを入力した後，入力した内容を再度利用することがあるため，【別の名前で保存する】を選択し，保存ファイル名を例えば rei.txt としてテキストファイルで保存する．なお，このファイルはメモ帳などでも編集できる．

2.3　四則演算

　この節では基本的な計算を具体的に行うことを考えよう．四則演算およびべき乗などの計算には表 2.4 のような算術演算子がある．

表 2.4　算術演算子

表　記	意　味	使用例	使用例の意味	優先順位
−	負の符号	− 2	− 2	1
^	べき乗	2 ^ 3	$2^3 (= 8)$	2
% ／ %	除算の商	5 % ／ % 3	5 を 3 で割った商 $(=1)$	3
%%	剰余	5 %% 3	5 を 3 で割った余り $(=2)$	3
＊	乗算	2 ＊ 3	2×3	4
／	除算	2 ／ 3	$2 \div 3$	4
＋	加算	2 ＋ 3	$2 + 3$	5
−	減算	2 − 3	$2 − 3$	5

　2 数（ここでは 2 と 3 とする）に対して，加算，掛算，減算，割り算等を行いたい場合，どのようにスクリプトウィンドウに入力し，実行したらよいだろうか．

　以下に入力とともに実行結果が表示される出力ウィンドウを見よう．なお，1 行にいくつかの計算を入力するときは，文の区切りに；（セミコロン）を入力する．さらに，掛け算に＊（アスタリスク），割り算に/を用い，整数同士の割り算の商に %/%，余りに%%が用いられることに注意しよう．

```
┌─ 出力ウィンドウ ───────────────────────────────────────────┐
│                                                              │
│  > 2+3;2*3;2-3;2/3                                           │
│  [1] 5                                                       │
│  [1] 6                                                       │
│  [1] -1                                                      │
│  [1] 0.6666667                                              │
│  > 2^3;5%/%3;5%%3                                           │
```

```
[1] 8
[1] 1
[1] 2
```

演習 2-2　ある 2 つの整数を代入すると，それらの和，差，積，商，余り，べき乗を計算して表示するようにしてみよう．

2.4　数学関数

数学でよく用いられる以下のような関数がある（表 2.5）．具体的に利用して計算を行ってみよう．

表 2.5　いろいろな関数

関　数	表　記	意　味
絶対値	abs(x)	実数 x の絶対値
整数部分	trunc(x)	実数 x の整数部分
丸め	round(x)	実数 x の小数を丸める（四捨五入する）
切捨て	floor(x)	小数部分を切り捨てる（[x]：x を超えない最大の整数：ガウス記号）
切上げ	ceiling(x)	切り上げる
平方根	sqrt(x)	$\sqrt{x}$
べき乗	x ^ y	x^y
正弦	sin(x)	$\sin x$
余弦	cos(x)	$\cos x$
正接	tan(x)	$\tan x$
逆正弦	asin(x)	$\sin^{-1}x$ (arcsin x)
逆余弦	acos(x)	$\cos^{-1}x$ (arccos x)
逆正接	atan(x)	$\tan^{-1}x$ (arctan x)
自然対数	log(x)	$\log_e x$ $(x>0)$
対数	log a(x) または log(x,a)	$\log_a x$ $(x>0)$
指数関数	exp(x)	e^x

　整数部分を抽出する trunc 関数を使用してみよう．例えば，-4.567, 4.567 の整数部分は それぞれ trunc(-4.567) より-4, trunc(4.567) より 4 である．四捨五入する round 関数では，-2.13 と 2.13 の四捨五入は，round(-2.13) が-2, round(2.13) が 2 である．次に切捨てする floor 関数を利用した例をみると floor(-2.13) が-3 で floor(2.13) が 2 である．

　このように組み込まれている数学関数の意味とその利用法を確認しておこう．表 2.4 の関数について一部抜粋して入力・出力例を以下に示す．

```
> trunc(-4.567);trunc(4.567)
[1] -4
[1] 4
> round(-2.13);round(2.13)
[1] -2
[1] 2
> floor(-2.13);floor(2.13)
[1] -3
[1] 2
> ceiling(-2.13);ceiling(2.13)
[1] -2
[1] 3
> sin(pi/6);sin(pi/4);sin(pi/3);sin(pi/2)
[1] 0.5
[1] 0.7071068
[1] 0.8660254
[1] 1
> asin(0.5);asin(0.7071);asin(0.8661);asin(1)
[1] 0.5235988
[1] 0.7853886
[1] 1.047347
[1] 1.570796
> log2(8);log(2,8) #底が 2 の場合と 8 の場合
[1] 3
[1] 0.3333333
> log10(2);log(2) #底が 10 の場合と e（ネイピアの数）の場合
[1] 0.30103
[1] 0.6931472
> exp(1)
[1] 2.718282
```

補助的な練習として一様乱数を生成してサイコロの目を出してみよう．また標準正規乱数を生成してヒストグラムを描いてみよう．

出力ウィンドウ

```
#サイコロを振る
>x<-runif(1000,0,1)  #1000 個の 0 以上 1 未満（(0,1) 上）の一様乱数を生成する
>me<-floor(6*x+1)    #1 以上 6 以下の整数に変換する
>me                  #me を表示する
>mean(me)            #me の平均を計算し表示する
```

```
>table(me)          #度数表を表示する
>hist(me)           #ヒストグラムを表示する
#正規乱数の生成例
>plot.new           #画面をクリアする
>x<-rnorm(1000)     #正規乱数を 1000 個生成し x に代入する
>y<-x*10+60         #平均 60 標準偏差 10 の正規乱数に変換し y に代入する
>y                  #y を表示する
>mean(y)            #y の平均を計算し表示する
>var(y)             #y の分散を計算し表示する
>hist(y)            #y のヒストグラムを作成し表示する
```

演習 2-3 上と同じように cos,acos,tan,atan を利用した計算を行ってみよ.

演習 2-4 上と同じように $(0,1)$ 上の一様乱数を生成し,平均,分散を計算後,ヒストグラムを作成せよ.

2.5 ベクトル

ベクトルの要素同士の演算は,スカラーの演算と同様に加減乗除は,+, -, *, /によって行う.Rで入力して計算するには以下のようにする.

ただし,ベクトル同士の内積は %*% による.ベクトル $a = (a_1,\ldots,a_n)$, $b = (b_1,\ldots,b_n)$ に対し,ベクトルの内積は $a \cdot b = a_1 b_1 + \cdots + a_n b_n$ で定義される.ベクトル a,b のそれぞれの長さに間のなす角の余弦をかけたものである.すなわち,ベクトル a を b に正射影した長さに,ベクトル b の長さを掛けたものである.

以下でベクトル a<-c(1,2,3,4), b<-c(4,3,2,1) について計算練習をしてみよう.

┌─ 出力ウィンドウ ─────────────────────────────
```
> a<-c(1,2,3,4)
> b<-c(4,3,2,1)
> a+b
[1] 5 5 5 5
> a-b
[1] -3 -1  1  3
> a*b
[1] 4 6 6 4
> a%*%b #a と b の内積
     [,1]
[1,]   20
```
└──

表 2.6　行列における演算

表　記	意　味	使用例	使用例の意味
−	負の符号	− A	$(- a_{ij})$
%*%	積	A%*%B	AB
*	要素ごとの積	A*B	$(a_{ij} \times b_{ij})$
t	転置	t(A)	A^{T}
solve	逆行列	solve(A)	A^{-1}
eigen	固有値と固有ベクトル	eigen(A)	A の固有値と固有ベクトル
svd	特異値分解	svd(A)	PDQ（D：対角行列）に分解される
+	加算	A+B	$(a_{ij} + b_{ij})$
−	減算	A−B	$(a_{ij} - b_{ij})$

2.6　行列

　データ解析で扱うデータは，変数とサンプルの組からなる 2 次元の表のシートである．それは行列の行と列に対応しており，行列を扱うことによりデータの行，列に関する操作もできるためデータ解析に役立つ．

　ここで行列に関した関数を取り上げよう．「使用例の意味」の英小文字は行列の対応する成分を表しており，例えば a_{ij} は行列 A の (i,j) 成分を表している（表 2.6）．

① 行列への適用関数

　行列，データフレームやリストなどの要素に対して一定の処理を行う関数に

　　　　apply, lapply, sapply, tapply, mapply

などがある．apply の場合，書式とその意味は次のとおりである．

<書式>

　apply(行列またはデータフレーム，行または列，関数，・・・)

<意味>

　与えられたデータについて，変数ごとに合計，平均，分散などの統計量を求めたり，またサンプルごとに合計等を求めることが出来る．このようにいくつかのサンプルについて測定変数が複数あるとき，apply を変数ごとに適用して変数ごとの平均や分散を求めたり，apply を行ごとに適用してサンプルの合計を求める．つまり，データの行または列に対して関数を適用する．

　1 から 6 の整数を 2 行 3 列の行列として x に代入して，x を表示しよう．そして，apply を使用して x の行ごとに平均を計算しよう．

出力ウィンドウ
```
> x<-matrix(c(1,2,3,4,5,6),2,3)
# 1 から 6 の整数を 2 行 3 列の行列として x に代入する．
> x # x を表示する．
     [,1] [,2] [,3]
```

```
[1,]    1    3    5
[2,]    2    4    6
> apply(x,1,mean) # x の行ごとに平均を計算する.
[1] 3 4
```

先に挙げた apply 以外の関数の機能は sum,mean,max などを適用するのでほぼ同じだが，適用するデータのタイプが異なる．そこで書式をあげておこう．

＜書式＞

lapply(リスト, 関数, 列, 関数, ・・・)# リストとして返す

sapply(リスト, 関数, 列, 関数, ・・・)# ベクトルや行列として返す

tapply(ベクトル, インデックス, 関数, ・・・)

by(データフレーム, インデックス, 関数, ・・・)

mapply(関数, 引数 1, 引数 2,・・・)

x をデータフレームに変換して y に代入する．そして lapply,sapply を適用して y の変数ごとに平均をもとめよう．z に 2 から 1 まで-0.2 ずつ減らした数値を代入する．f<-c("a","b","a","a","b","a") f に文字 a,・・・を代入し，z の f の文字ごとに tappy,by を利用して合計を計算しよう． mapply を使用して 1 から 3 までの数値に 3 回から 1 回繰返子表示しよう．

```
┌─ 出力ウィンドウ ─────────────────
│ > y<-data.frame(x) # x をデータフレームに変換して y に代入する.
│ > lapply(y,mean) # y の変数ごとに平均を計算する.
│ $X1
│ [1] 1.5
│ $X2
│ [1] 3.5
│ $X3
│ [1] 5.5
│ > sapply(y,mean) # y の変数ごとに平均を計算する.
│  X1  X2  X3
│ 1.5 3.5 5.5
│ > z<-seq(2,1,-0.2) # z に 2 から 1 まで-0.2 ずつ減らした数値を代入する.
│ > z # z を表示する.
│ [1] 2.0 1.8 1.6 1.4 1.2 1.0
│ > f<-c("a","b","a","a","b","a") # f に文字 a,・・・を代入する.
│ > tapply(z,f,sum) # z の f の文字ごとに合計を計算する.
│ a b
│ 6 3
```

```
> by(z,f,sum) # z の f の文字ごとに合計を計算する.
INDICES: a
[1] 6
-------------------------------------------------------------
INDICES: b
[1] 3
> mapply(rep,1:3,3:1) #.
[[1]]
[1] 1 1 1

[[2]]
[1] 2 2

[[3]]
[1] 3
```

2 つのベクトルが与えられたとき，その内積は以下のように各成分の積和で計算される．表 2.5 の表記を利用してもよい.

ベクトル x=c(1,2,3) と y<-c(-1,-2,-3) に対して内積を計算してみよう．

──── 出力ウィンドウ ────

```
> x=c(1,2,3);y<-c(-1,-2,-3)
> sum(x*y) #ベクトル x とベクトル y の内積
[1] -14
```

また，2 つの行列が与えられたとき，それらの積を R で計算するには，以下のように表 2.5 の表記を利用する場合を考える．2 つの行列 $P = \begin{pmatrix} 1 & 2 & 4 \\ 2 & 3 & 5 \\ 4 & 5 & 6 \end{pmatrix}$, $Q = \begin{pmatrix} 1 & 4 \\ 2 & 5 \\ 3 & 6 \end{pmatrix}$ に対して，行列の積 PQ を R で計算してみよう．

──── 出力ウィンドウ ────

```
> P=matrix(c(1,2,4,2,3,5,4,5,6),nrow=3,ncol=3)
> P
     [,1] [,2] [,3]
[1,]   1    2    4
[2,]   2    3    5
[3,]   4    5    6
> (Q=matrix(1:6,nrow=3,ncol=2))
# Q に 1 から 6 を代入し，表示する.
     [,1] [,2]
```

```
[1,]    1    4
[2,]    2    5
[3,]    3    6
> P%*%Q # 行列 P と行列 Q の積を計算する. 横×縦の流れである. ベクトル同士の内積を成分ごとに適用
       [,1] [,2]
[1,]   17   38  # 17=1×1+2×2+4×3,38=1×4+2×5+4×6
[2,]   23   53  # 23=2×1+3×2+5×3,53=2×4+3×5+5×6
[3,]   32   77  # 32=4×1+5×2+6×3,77=4×4+5×5+6×6
```

$Px = \lambda x$ を満足するような $x \neq 0$ と行列 P があるとき, λ を**固有値**, x を**固有ベクトル**という. データの分散行列の固有ベクトルを求めることは, 主成分分析において主成分を求めることになり, 因子分析において共通因子を求めることになる. そして, その求め方は以下のようである.

対称行列である $P = \begin{pmatrix} 1 & 2 & 4 \\ 2 & 3 & 5 \\ 4 & 5 & 6 \end{pmatrix}$ について, 固有値, 固有ベクトルを求めよう. その後 P の逆行列を求め, P との積が単位行列（計算誤差があることに注意しよう）になることを確認しよう.

─ 出力ウィンドウ ─

```
> eigen(P) # 行列 P の固有値と固有ベクトルを求める.
$values # 固有値の表示
[1] 11.56402887 -0.05739624 -1.50663263
$vectors # 固有ベクトルの表示
           [,1]        [,2]        [,3]
[1,] -0.3861539   0.6202873   0.6827363
[2,] -0.5306823  -0.7547822   0.3855906
[3,] -0.7544942   0.2134187  -0.6206376
> eigen(P)$vectors[,1] # P の第 1 固有ベクトル
[1] -0.3861539 -0.5306823 -0.7544942
> v1<-eigen(P)$vectors[,1]
> eigen(P)$values[1]    # P の第 1 固有値
[1] 11.56403
> lam1<-eigen(P)$values[1]
> P%*%v1/lam1       # P の第 1 固有ベクトル
           [,1]
[1,] -0.3861539
[2,] -0.5306823
[3,] -0.7544942
> solve(P) # P の逆行列を求める.
     [,1] [,2] [,3]
```

```
[1,]   -7    8   -2
[2,]    8  -10    3
[3,]   -2    3   -1
> solve(P)%*%P # P の逆行列と元の行列 P の積 (=単位行列)
                  [,1]           [,2]           [,3]
[1,]   1.000000e+00   5.329071e-15   1.065814e-14
[2,]  -1.776357e-15   1.000000e+00  -2.664535e-15
[3,]   0.000000e+00  -6.661338e-16   1.000000e+00
```

演習 2-5　次の連立 1 次方程式を，行列を利用して解け．

（A:正則 (逆行列を持つ) なとき，$Ax = b$ の解は $x = A^{-1}b$）

$$① \begin{cases} x + y - z & = & 2 \\ 3x + 5y - 7z & = & 0 \\ 2x - 3y + z & = & 5 \end{cases} \quad ② \begin{cases} x + y - z & = & 2 \\ 3x + 3y - 7z & = & 0 \\ -x + y - 3z & = & -1 \end{cases} \quad ③ \begin{cases} 2x + 4y - z & = & -4 \\ -x + 3y + 2z & = & 3 \\ x - 2y - z & = & 0 \end{cases}$$

② 特異値分解

$A : n \times p$ に対し，正則な行列 P, Q が存在して，$A = PD_\lambda Q$ と書ける．これを特異値分解といい，この分解は，固有値分解を含む．

ただし，D_λ は $\lambda_1 \geqq \cdots \geqq \lambda_r (r \leqq \min(n,p))$ を要素とする対角行列である．R でこの分解を求めるには svd(A) のように書く．

行列 $D = \begin{pmatrix} 3 & 2 & 6 \\ 1 & 5 & 2 \end{pmatrix}$ に対して，関数 svd を適用して計算してみよう．

出力ウィンドウ

```
> D<-matrix(c(3,1,2,5,6,2),2,3)
> D
     [,1] [,2] [,3]
[1,]   3    2    6
[2,]   1    5    2
> (D.s<-svd(D))
$d
[1] 8.139051 3.571532
$u
           [,1]       [,2]
[1,] -0.823170 -0.567795
[2,] -0.567795  0.823170
$v
           [,1]       [,2]
```

```
[1,] -0.3731768 -0.2464530
[2,] -0.5510857  0.8344487
[3,] -0.7463536 -0.4929060
> D.s$u%*%diag(D.s$d)%*%t(D.s$v) #D となる.
     [,1] [,2] [,3]
[1,]    3    2    6
[2,]    1    5    2
```

演習解答例

演習 2-1

出力ウィンドウ

```
> en21<-read.csv("C:/WADAT/2syo/en21.csv",
 header=TRUE)
> en21
  No 身長 体重 性別 血液型
1  1  172   65    M      A
2  2  156   52    F     AB
3  3  168   58    M      B
4  4  160   56    F      O
5  5  175   70    M      A
```

演習 2-2

R スクリプトウィンドウ

```
a<-13;b<-4
wa=a+b;sa=a-b;seki=a*b;syo=a/b
amari=a%%b;beki=a^b
cat("和",wa,\n);cat("差",sa,\n)
cat("積",seki,\n);cat("商",syo,\n)
cat("余り",amari,\n);cat("べき乗",beki,\n)
```

演習 2-3

出力ウィンドウ

```
> cos(pi/6);cos(pi/4);cos(pi/3)
;cos(pi/2)
```

```
[1] 0.8660254
[1] 0.7071068
[1] 0.5
[1] 6.123032e-17
> acos(0.8660);acos(0.7071)
;acos(0.5);acos(0)
> tan(pi/6);tan(pi/4);tan(pi/3)
> atan(0.5774);atan(1);atan(1.732)
```

演習 2-4

出力ウィンドウ

```
> plot.new
> x<-runif(1000)
> x
[1] 0.2639390063   〜   0.6821938581
        〜
[996] 0.6529768328   〜   0.0999649696
> mean(x)
[1] 0.4987463
>  var(x)
[1] 0.08502385
> hist(x)
略
```

演習 2-5

(1) $A = \begin{pmatrix} 1 & 1 & -1 \\ 3 & 5 & -7 \\ 2 & -3 & 1 \end{pmatrix}$, $b = \begin{pmatrix} 2 \\ 0 \\ 5 \end{pmatrix}$ より, $x = A^{-1}b = \begin{pmatrix} 3 \\ 1 \\ 2 \end{pmatrix}$

(2) $A = \begin{pmatrix} 1 & 1 & -1 \\ 3 & 3 & -7 \\ -1 & 1 & -3 \end{pmatrix}$, $b = \begin{pmatrix} 2 \\ 0 \\ -1 \end{pmatrix}$ より, $x = A^{-1}b = \begin{pmatrix} 0 \\ 3.5 \\ 1.5 \end{pmatrix}$

(3) $A = \begin{pmatrix} 2 & 4 & -1 \\ -1 & 3 & 2 \\ 1 & -2 & -1 \end{pmatrix}$, $b = \begin{pmatrix} -4 \\ 3 \\ 0 \end{pmatrix}$ より, $x = A^{-1}b = \begin{pmatrix} 2 \\ -1 \\ 4 \end{pmatrix}$

出力ウィンドウ

```
#(1)
> A=matrix(c(1,3,2,1,5,-3,-1,-7,1),3)
```

```
>b=c(2,0,5)
> solve(A)%*%b
      [,1]
[1,]    3
[2,]    1
[3,]    2
#(2)
> A=matrix(c(1,1,-1,3,3,-7,-1,1,-3),3,byrow=T)
 #A=matrix(c(1,3,-1,1,3,1,-1,-7,-3),3)
>  b=c(2,0,-1)
>  solve(A)%*%b
      [,1]
[1,]  0.0
[2,]  3.5
[3,]  1.5
#(3)
> A=matrix(c(2,-1,1,4,3,-2,-1,2,-1),3)
> b=c(-4,3,0)
> solve(A)%*%b
      [,1]
[1,]    2
[2,]   -1
[3,]    4
```

第**3**章

関数とプログラミング

ここでは，与えられたデータについて，基本的
な計算（処理）を行うためにはどのようにするか
について説明する．簡単な計算から，ある手順に
基づいて実行するプログラミングまで例を用いて
説明する．

3.1　簡単な計算など

以下のように R によって簡単な計算が実行できる.

例題 3-1

(1) 以下の値を求めてみよう.

1) $3 \div 5 - 2 \times 7 + 3 \times (4+1)$　　　2) $3^2 + 2^3 - 5^2$　　　3) $5^{-2} + 1 \div (2^3)$

(2) su に文字 a,b,c と数 5,2,8 を代入しよう.

(3) kudamono に orange,apple,banana と個数の 3,5,2 個を代入し, kudamono のモード（最頻値）を回答しよう.

---

(1) 1)$3 \div 5 - 2 \times 7 + 3 \times (4+1)$　を計算するには, 各記号を逐次演算子に置き換えて式を記述して実行すればよい. 2) については, べき乗の計算は演算子 ^ を用いて記述する. 3) についてもべき乗と割り算の演算子を用いて記述して実行する.

```
出力ウィンドウ

> 3/5-2*7+3*(4+1)
[1] 1.6
> 3^2+2^3-5^2
[1] -8
> 5^(-2)+1/2^3
[1] 0.165
```

(2) 数値と文字列を 1 つのオブジェクトに代入するには, 文字列については, names(su)<-c("a","b","c") で代入し, 数値については, su<-c(5,2,8) で代入する.

```
出力ウィンドウ

>x<-c("a", "b", "c")
> x
[1] "a" "b" "c"
> su<-c(5,2,8)
> names(su)<-x
> su
a b c
5 2 8
```

(3)　kudamono に文字列と数値を入力する. 数値が最も大きい文字列（ラベル）がモードである.

```
> names(kudamono)<-c("orange","apple","banana")
> kudamono<-c(3,5,2)
> kudamono
orange  apple banana
     3      5      2
> names(which.max(kudamono))
[1] "apple"
```

3.2 プログラミング

Rでは，新たに関数を定義することによってプログラムを作成する．以下で関数を定義することで簡単なプログラムを作成しよう．

3.2.1 関数の定義

新たに関数を定義したい場合は以下のように記述する．

```
関数名 <- function(仮引数 1, ・・・ , 仮引数 n ) {
  関数の定義
}
```

① 返り値が1個の場合

例えば数値 x を引数^{ひきすう}とし，2x+1 を返す関数を考えてみよう．それには以下のように書き，実行する．ここでは $x = 5$ の場合を記している．

```
> kansu1 <- function(x) {
+ return(2*x+1)
+ }
> kansu1(5)
[1] 11
```

return 文が実行され，関数が終了する．ただし，return を書かなくても最後の文が文全体の返り値になるので，単に値だけを書くことで値を返すことも出来る．

```
┌─ 出力ウィンドウ ─────────────────────────────
│
│ > kansu2 <- function(x) {
│ +   2*x+1     # 2*x+1 を返す ( return する)
│ + }
│ > kansu2(5)
│ [1] 11
│
└──────────────────────────────────────────
```

② 返り値が複数個の場合

複数の値を返すには，ベクトル・配列等のオブジェクトを返り値にすればよい．関数 return() に複数の引数を与えると，それらは自動的にリストとして返される．このとき，リストの各成分には元の変数名が名前タグとして自動的に付加される．

x が 1, 2, 3, 4, 5 のとき，$y = x^2, z = \dfrac{1}{x}$ を求める場合を以下に記述してみよう．

```
┌─ 出力ウィンドウ ─────────────────────────────
│
│ > kansu3 <- function(x){y <- x^2; z <- 1/x; return(x,y,z)}
│ > kansu3(1:5)
│ $x
│ [1] 1 2 3 4 5
│ $y
│ [1]  1  4  9 16 25
│ $z
│ [1] 1.0000000 0.5000000 0.3333333 0.2500000 0.2000000
│ Warning message: #実行結果については問題ない.
│ multi-argument returns are deprecated in: return(x, y, z)
│
└──────────────────────────────────────────
```

演習 3-1 ある 2 つの整数を引数として，それらの和, 差, 積, 商, 余り, べき乗を計算して表示する関数を作成せよ．

(参考)

```
┌─ 出力ウィンドウ ─────────────────────────────
│
│ sisoku<-function(x,y){
│  wa=x+y;sa=x-y;seki=x*y;syo=x/y;amari=x%%y;beki=x^y
│ cat("和",wa,"\n");cat("差",sa,"\n");cat("積",seki,"\n")
│ cat("商",syo,"\n");cat("余り",amari,"\n");cat("べき乗",beki,"\n")
│ }
│ a<-13;b<-4
│ sisoku(a,b)
│ 和 17
│ 差 9
```

```
積 52
商 3.25
余り 1
べき乗 28561
```

演習 3-2　ある数を引数(ひきすう)として，その数を超えない最大の整数を表示する関数を作成せよ.

3.2.2　制御（分岐・反復)

　試験で合格すれば単位が取れるが，不合格だと取れないというように流れが分かれるとき分岐するという.

分岐

① 処理する文が1行の場合

　＜書式＞
　if （条件式）　文
　＜意味＞
条件式が真（成立する）なら，文を実行する.
　＜例＞
走り高跳びでバーを越せばクリアである.

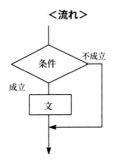

　＜書式＞
　if （条件式)
　　　文1
　else
　　　文2
　＜意味＞
条件式が真なら文1を実行し，条件式が偽（不成立）なら文2を実行する.
　＜例＞
試験で60点以上なら，合格し，そうでなければ不合格である.

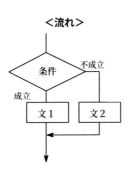

② 処理する文が複数行の場合

＜書式＞

```
if （条件式）{
    文 1
    …
    文 n
}
```

＜流れ＞

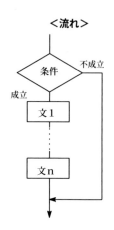

＜意味＞

条件式が真（成立する）なら，文1から文nを実行する．

＜例＞

就職すると自由にお金が使え，アパートに住める．

＜書式＞

```
if （条件式）{
    文 1
    …
    文 n₁
}   else {
    文 n₁+1
    …
    文 n₂
}
```

＜流れ＞

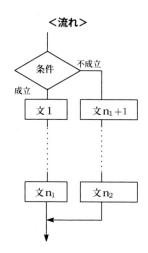

＜意味＞

条件式が真なら文 1 から文 n_1 を実行し，条件式が偽なら文 n_1 +1 から文 n_2 を実行する．

＜例＞

パソコンがあるとワープロが使え，インターネットに繋ぐことが出来るが．そうでなければ PDF を見ることができず，メールが送れない．

例題 3-2（単一条件）

走り幅跳びの競技大会で,6m70cm 以上跳べば予選通過となる．跳んだ距離 (cm) を引数として 670 以上なら”決勝進出です．"、670 未満なら”予選落ちです．”と表示するプログラムを作成せよ．

跳んだ距離の判定関数 tobi

```
tobi=function(n){ # 引数（ひきすう）を 1 個の n とする関数 tobi() を定義する．
  if (n>=670){ cat("決勝進出です．\n") }
  else { cat("予選落ちです．\n") }
}
```

```
┌─ 出力ウィンドウ ─────────────────────────┐
│ > tobi(700)                             │
│ 決勝進出です.                            │
└─────────────────────────────────────────┘
```

[解] 作成する関数を「tobi」とする．例題では 670 以上と 670 未満の場合で異なる表示をするため，2 番目の書式を用いる．また，670 以上で"決勝進出です."と表示するには，表 3.2 より「>=」の演算子を用いる．1 行目は関数名を記すので，2 行目に関数の定義「if(n>=670)cat("決勝進出です. \n")」を入力し，「670 以上でない場合（670 未満の場合）」の結果を出力するため改行して「elsecat(" 予選落ちです. \n")」を入力する．さらに改行して「}」を入力し，プログラムを完成させる．\n は改行のために入力する．なお，cat() は () 内の文字列を表示するために用いる．また，\ はパソコンの文字コードにより ¥ となる．

大小の比較を考えるときの関係演算子には，表 3.1 のようなものがある．なお，等号は**右側**にあることに注意しよう．

表 3.1 関係（比較）演算子

演算子	例	意味	優先順位
<	a<b	a が b より小さいとき真となる	1
<=	a<=b	a が b 以下のとき真となる	1
>	a>b	a が b より大きいとき真となる	1
>=	a>=b	a が b 以上のとき真となる	1
==	a==b	a と b が等しいとき真となる	2
!=	a!=b	a と b が等しくないとき真となる	2

演習 3-3 ある整数について，偶数か奇数かを判定して表示するプログラムを作成せよ．

例題 3-3（複合条件）

2 でも 3 でも割り切れたら"6 の倍数です."と表示し，そうでなければ"6 の倍数ではありません."と表示する関数を作成せよ．

6 の倍数の判定関数 hantei

```
hantei=function(n){ # n:判定する自然数
 amari1<-n%%2;amari2<-n%%3
  if ((amari1==0) & (amari2==0)) {
     cat(n,"は 6 の倍数です. \n")
    } else {cat(n,"は 6 の倍数ではありません. \n")
  }
 }
```

59

┌─ 出力ウィンドウ ─────────────────────────────┐

> hantei(15)

15 は 6 の倍数ではありません.

└──┘

[解]　作成する関数を「hantei」とする．入力する数を n とするとき，2 で割った余りを amari1 とすれば，n%% 2 で計算され，3 で割った余りを amari2 とすれば，n%% 3 で計算される．そこで 2 でも 3 でも割り切れる条件は，表 3.2 の論理演算子 & を使って，「 if ((amari1==0) & (amari2==0))」とかける．

このように，2 つ以上の条件があるとき，それらの条件を同時にまたはどちらか一方というように連結して表現するときに，表 3.2 の論理演算子を利用する．条件が成立する場合「cat(n," は 6 の倍数です．¥n")」と入力し，条件が成立しない場合「cat(n," は 6 の倍数ではありません．¥n")」を入力する．

表 3.2　論理演算子

演算子	意　味		優先順位
!	否定（NOT）	否定	1
&	論理積（AND）	かつ	1
&&	論理積（AND）	かつ	2
|	論理和（OR）	または	3
||	論理和（OR）	または	3
xor	排他的論理和（exclusive OR）		3

また別の書き方として else if を用いた以下のような書き方がある．

＜書式＞
```
if （条件式 1）{
    文 1
} else if （条件式 2）{
    文 2
} else  {文 3}
```
＜意味＞
条件式 1 が真なら文 1 を実行し，条件式 1 が偽で条件式 2 が真なら文 2 を実行し，条件式 1 が偽で条件式 2 も偽なら文 3 を実行する．

＜流れ＞

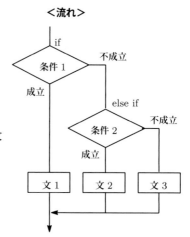

```
─── 6 の倍数の判定関数 hantei1 ───

hantei1=function(n){ # n:判定する自然数
 amari1<-n%%2;amari2<-n%%3
  if (amari1!=0) {
     cat(n,"は 2 の倍数ではありません. \n")
     } else if (amari2!=0) {
     cat(n,"は 2 の倍数です. \n")
     } else {
     cat(n,"は 6 の倍数です. \n")
  }
 }
```

```
─── 出力ウィンドウ ───

> hantei1(2)
2 は 2 の倍数です.
> hantei1(3)
3 は 2 の倍数ではありません.
> hantei1(12)
12 は 6 の倍数です.
```

演習 3-4　ある整数について 2 または 3 で割り切れないとき, ”6 の倍数ではありません.” と表示する関数を作成せよ.

演習 3-5　ある整数について 2 でも 3 でも割り切れたら”6 の倍数です.” と表示し, 2 だけで割り切れたら”偶数です.” と表示し, 3 だけで割り切れたら”3 だけで割り切れる.” と表示する関数を作成せよ.

3.2.3　反復

　繰返し処理を行うプログラムを作成するには, 主に① for 文 ② while 文 を用いる. それぞれについて, 具体的に以下に作成してみよう.

① for 文

＜書式＞
　for (変数 in 初期値：終了値){
　　文
　}

＜流れ＞

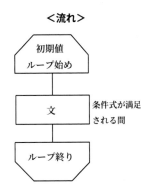

＜意味＞
初期値から始まって終了値まで繰返し文を実行する.

61

┌─ **例題 3-4** ─────────────────────────────────┐

自然数 n に対し, 1 から n までの整数の和を求め, 表示する関数を作成せよ.

└──┘

[解]　作成する関数を「wa」とする. 入力する数を n とし, s に求める和を代入するとする. s に初期値として 0 を代入しておいて, 逐次カウンターである i を 1 から 1 ずつ増やしながら, n になるまで s に i を加えていったときの s の値を戻せばよい.

─────────── **和を求める関数** wa ───────────

```
wa=function(n){ # n までの和を求める関数の定義
 s=0
 for (i in 1:n){
   s<-s+i
 }
 return(s)
}
```

─ 出力ウィンドウ ─────────────────────────

```
> wa(10)
[1] 55
```

参考として, 以下に関数を用いずに計算してみよう.

─ 出力ウィンドウ ─────────────────────────

```
>n<-10
> s=0
> for (i in 1:n){
+    s<-s+i
+}
> cat(s,"です. \n")
55 です.
```

演習 3-6　フィボナッチ (Fibonacci) 数列 $\{a_n\}$: $a_1 = 1$, $a_2 = 1$, $a_{n+2} = a_n + a_{n+1}(n = 1, 2, \cdots)$ を逐次求め表示する関数を作成せよ.

② while 文

<書式>

```
while (条件式) {
  文
}
```

<意味>

前判定反復，つまり判定条件の条件式が
先にあり，条件式が真である限り，文を
実行するときに用いる．

<流れ>

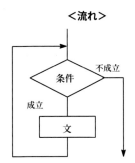

例題 3-5

自然数 n に対し，n の階乗を求め表示する関数を作成せよ．

[解] 作成する関数を「kaijyou」とする．入力する数を n とし，kai に求める階乗を代入する
とする．kai に初期値として 1 を代入しておいて，逐次カウンターである i を 1 から 1 ずつ増や
しながら，n 以下である限り kai に i を掛けていったときの kai の値を戻せばよい．

階乗を求める関数 kaijyou

```
kaijyou=function(n){ # n までの階乗を求める
 kai<-1;i<-1
  while (i<=n) {
  kai<-kai*i;i<-i+1
 }
 return(kai)
}
```

出力ウィンドウ

```
> kaijyou(6)
[1] 720
```

演習 3-7 ニュートン法により $x^2 = 2$ を解く関数を作成し，$\sqrt{2}$ を求めてみよ．

演習解答例

演習 3-1

┌─ 出力ウィンドウ ─────────────────────

```
sisoku=function(x,y){
 wa=x+y;sa=x-y;seki=x*y;syo=x/y
 amari=x%%y;beki=x^y
 keka=c(wa,sa,seki,syo,amari,beki)
 names(keka)=c("wa","sa","seki",
 "syo","amari","beki")
 keka
}
> sisoku(8,3)
        wa          sa        seki
 11.000000    5.000000   24.000000
       syo       amari        beki
 2.666667    2.000000  512.000000
```

演習 3-2

┌─ 出力ウィンドウ ─────────────────────

```
gauss=function(x){
n=floor(x);return(n)
}
> gauss(3.4567);gauss(-3.4567)
[1] 3
[1] -4
```

演習 3-3

┌─ 出力ウィンドウ ─────────────────────

```
guki=function(n){
  amari=n%%2
  if (amari==0){
    cat(n,"は偶数です. \n")
  } else{
    cat(n,"は奇数です. \n")
  }
}
> guki(7)
```

```
7 は奇数です.
```

演習 3-4

─ 出力ウィンドウ ─

```
rokubai=function(n){
  amari1=n%%2;amari2=n%%3
if ((amari1!=0) || (amari2!=0)){
 cat(n,"は6の倍数ではありません. \n")
}
}
> rokubai(15)
15 は6の倍数ではありません.
```

演習 3-5

─ 出力ウィンドウ ─

```
nisanbai=function(n){
  amari1=n%%2;amari2=n%%3
 if ((amari1==0) & (amari2==0)){
 cat(n,"は6の倍数です. \n")
 } else if (amari1==0) {
   cat(n,"は偶数です. \n")
  } else if (amari2==0){
   cat(n,"は3だけで割り切れます. \n")
 }
}
> nisanbai(12);nisanbai(8)
;nisanbai(15)
12 は6の倍数です.
8 は偶数です.
15 は3だけで割り切れます.
```

演習 3-6

─ 出力ウィンドウ ─

```
fibo=function(n){
a<-numeric(n)
# 長さnの数値ベクトルとする
a[1]=1;a[2]=1
  for (i in 1:n){
```

```
    a[i+2]=a[i]+a[i+1]
    }
  cat(a,"\n")
}
> fibo(8)
1 1 2 3 5 8 13 21 34 55
```

演習 3-7

出力ウィンドウ

```
newton=function(x0,eps=1e-9
,maxiter=100){
    xold<-x0
    xnew<-(xold*xold+2)/2/xold
    sa<-xnew-xold
    iter<-1
  cat("1 回の反復での x は",xnew,"\n")
  while((abs(sa)>eps) &
+ (iter<maxiter)){
    xold<-xnew
    xnew<-(xold*xold+2)/2/xold
    sa<-xnew-xold
    iter<-iter+1
    cat("反復回数",iter,"での x の値
+   は",xnew,"\n")
  }
  if(abs(sa)>eps){
  cat("アルゴリズムは発散した．\n")
  return(NULL)
  } else{
    cat("アルゴリズムは収束した．\n")
  return(xnew)
  }
  }
> newton(2)
1 回の反復での x は 1.5
反復回数 2 での x の値は 1.416667
反復回数 3 での x の値は 1.414216
反復回数 4 での x の値は 1.414214
反復回数 5 での x の値は 1.414214
アルゴリズムは収束した．
[1] 1.414214
```

## 第4章

データの要約

データを収集した後，概要を知るためにデータをまとめる必要がある．まとめ方としては，大きく分けて数値によるまとめとグラフによるまとめがある．本章で順に取り上げていこう．

4.1　数値によるまとめ

これから解析しようとするデータが得られた後，データの概要・傾向をとらえるため，数値によるまとめを行う．この節ではそのときどのようにまとめるかを考えよう．

(1) データ（分布）の中心的傾向をみる量

① 平均 (sample mean：算術平均)

$\overline{x}$（エックスバー）で表す．データ $x_1, \ldots, x_n$ に対し，データの和を $T = x_1 + \cdots + x_n$ で表すと，それらの平均 $\overline{x}$ は

$$\overline{x} = \frac{x_1 + \cdots + x_n}{n} = \frac{T}{n} = \frac{データの和}{データ数} \tag{4.1}$$

で定義される．Rでは，`> mean(x)` のように入力する．

データが k 個のクラスに分けられた形で得られ，$i(=1, \cdots, k)$ クラスの階級値（そのクラスを代表する値で普通境界値の中央値）が x_i で，その度数（そのクラスに属すデータ数）が n_i であるとする．データが表 4.1 のように度数分布表で与えられる場合，同じクラスに属するデータは，その度数だけ重複して足して平均化される．

表 4.1　度数分布表

No.＼項目	階級値 (x)	度数 (n)
1	x_1	n_1
2	x_2	n_2
⋮	⋮	⋮
k	x_k	n_k
計		N

このときの平均は $\overline{x}$ は式（4.2）で表せる．

$$\overline{x} = \frac{x_1 n_1 + \cdots + x_k n_k}{n_1 + \cdots + n_k} = \frac{\displaystyle\sum_{i=1}^{k} x_i n_i}{N} \quad \left(N = \sum_{i=1}^{k} n_i\right) \tag{4.2}$$

(注 4-1) データ数 $(= n)$ でデータの総和を割っているが，変数 n 個のうち独立な変数はやはり n 個なので自由度が n と考えられ，**自由度**でデータの和を割ると考えれば，ばらつきのものさしの分散での自由度と対応がつく．

例題 4-1

次の学生 6 人の大学への通学時間のデータに関して平均を求めよ．

　　5, 3, 15, 30, 5, 20（分）

[解] 総和 T を求め，データ数で割ると求まる．通常の計算式では，

$$\overline{x} = \frac{5 + 3 + 15 + 30 + 5 + 20}{6} = 13 \,(\text{分})$$

と計算される．R では，x<-c(5,3,15,30,5,20) によりデータを x に代入し，T<-sum(x) でそれらの合計 T を計算し，その個数 n<-length(x) で割れば，平均 heikin<-T/n が求まる．対象とするデータ x に関数 mean() を用いても平均が求まる．

```
┌─ 出力ウィンドウ ──────────────────────────────

> x<-c(5,3,15,30,5,20) # x に 5,3,15,30,5,20 を代入する.
> # なお, c は{c}oncatenate(・・・を鎖状につなぐ),combine の頭文字である.
> x # x の値を表示する.
[1]   5   3 15 30   5 20
> T<-sum(x)
> T
[1] 78
> n<-length(x)
> heikin<-T/n
> heikin
[1] 13
> mean(x)
[1] 13
# （参考）以下は度数分布表でデータが与えられた場合の例
> x<-c(2,5,6,3,1) # 階級値 x
> n<-c(4,5,8,6,2) # 度数 n
> wa<-sum(x*n)
> wa
[1] 101
> N<-sum(n)
> N
[1] 25
> mx<-wa/N
> mx
[1] 4.04
```

また，表 4.2 にみられるような，いろいろな関数がある．

演習 4-1 以下は学生の所持金のデータである．平均金額を求めよ．

3000, 1000, 4500, 25000, 6000（円）

② メディアン（median：中央値，中位数）

$\tilde{x}$（エックス・テュルダまたはエックスウェーブと読む），Me, x_{med} で表す．データを大小の順に並べたときの中央の値であり，データ数が奇数個のときは $(n+1)/2$ 番目の値，偶数個の

表 4.2　いろいろな関数

関　数	表　記	意　味
総和	sum(x)	ベクトル x の成分の合計
累積和	cumsum(x)	ベクトル x の各成分までの累積和
行・列別への適用	apply(x,n,sum)	行列 x の行 (n=1) または列 (n=2) 和
積	prod(x)	ベクトル x の成分の積
累積の積	cumprod(x)	ベクトル x の各成分までの積
度数	table(x)	ベクトル x の成分の値ごとの度数
差分	diff(x)	ベクトル x の各成分の前と後ろの差
順位	rank(x)	ベクトル x の各成分の全成分中での順位
位置	order(x)	ベクトル x の各成分の元の位置
並替え	sort(x)	昇順に整列する
逆順	rev(x)	データ x を逆の順に並べたもの
長さ	length(x)	ベクトル x の要素の個数
5 数要約	fivnum(x)	最小値, 下側ヒンジ, 中央値, 上側ヒンジ, 最大値
四分位範囲	IQR(x)	75% 点から 25% 点を引いた値
最大値	max(x)	データ x で最も大きい値
累積最大値	cummax(x)	ベクトル x の各成分までの最大値
最小値	min(x)	データ x で最も小さい値
累積最小値	cummin(x)	ベクトル x の各成分までの最小値
平均	mean(x)	データの算術平均
中央値	median(x)	データ x を昇順に並べたときの真ん中の値
分位点	quantile(x)	データ x を昇順に並べたときの分位点
範囲	range(x)	最大値から最小値を引いたもの
標準偏差	sd(x)	不偏分散の正の平方根
不偏分散	var(x)	偏差平方和をデータ数 -1 で割ったもの

ときは $n/2$ 番目と $n/2+1$ 番目を足して 2 で割った値である．つまり，データ $x_1, \ldots, x_n$ に対し，それらを昇順に並べたものを $x_{(1)} \leqq x_{(2)} \leqq \cdots \leqq x_{(n)}$ としたとき，

$$\widetilde{x} = \begin{cases} x_{\left(\frac{n+1}{2}\right)} & (n\,が奇数) \\ \dfrac{x_{\left(\frac{n}{2}\right)} + x_{\left(\frac{n}{2}+1\right)}}{2} & (n\,が偶数) \end{cases} \tag{4.3}$$

である．なお，$x_{(i)}(i=1,\ldots,n)$ を**順序統計量**という．そして，その定義から異常値の影響を受けにくい性質がある．R では，> median(x)　と入力する．

また，データが度数分布表で与えられる場合は中央の値が属す級（クラス）を比例配分した値とする．つまり，

$\tilde{x} = $ 属す級の下側境界値

　$+$ 級間隔 $\times (n/2 - $ その級の 1 つ前までの累積度数$)/$その級の度数 　　(4.4)

で与えられる．

例題 4-2

以下は下宿している 8 人の学生の月当りの家賃の金額である．中央値を求めよ．

45000, 53000, 50000, 65000, 48000, 60000, 80000, 39000（円）

[解]　通常の計算では以下のように求める．データを昇順に並びかえ，データ数が偶数なので 50000, 53000 を足して，2 で割った 51500 円がメディアンである．

R では，関数 sort を使ってデータを昇順に並びかえると

$$x_{(1)} = 39000 \leqq x_{(2)} = 45000 \leqq x_{(3)} = 48000 \leqq x_{(4)} = 50000$$
$$\leqq x_{(5)} = 53000 \leqq x_{(6)} = 60000 \leqq x_{(7)} = 65000 \leqq x_{(8)} = 80000$$

となる．$n = 8$ である．

また，関数 median() を使うと，メディアン (51500) を求めることができる．

出力ウィンドウ

```
> x<-c(45000,53000,50000,65000,48000,60000,80000,39000)
# x に 45000,53000,50000,65000,48000,60000,80000,39000 を代入する.
> x # x を表示する.
[1] 45000 53000 50000 65000 48000 60000 80000 39000
> sort(x) # x の成分を昇順に並べ替えて表示する.
[1] 39000 45000 48000 50000 53000 60000 65000 80000
> median(x) # x のメディアンを求める.
[1] 51500
#参考 データの両端を除いて平均を求めたものをトリム平均という.
体操の競技での審査員の評点を求めるときによく利用される.
> mean(x,trim=0.4)
# x の上下を合わせて 40 %を除いた平均（トリム平均）を求める.
[1] 51500
```

演習 4-2　以下は 6 人の学生の昼ご飯にかける時間である．メディアンを求めよ．

20, 15, 5, 18, 40, 30（分）

③ モード（mode：最頻値）

M_o, x_{mod} で表す．データで最も多く観測される値である．普通度数分布表で用いられ，最も度数の多い階級の値である．

例題 4-3

次のある地区のサラリーマン 30 人の 1 か月の小遣いのデータについて，モードを求めよ．

2 万円：2 人，2 万 5 千円：3 人，3 万円：5 人，3 万 5 千円：4 人，4 万円：12 人，

5 万円：4 人

[解]　通常のモードの求め方では，まずデータの度数分布を求める．すると表 4.3 のようになる．度数の最も大きい階級の値 4 万円がモードとなる．

表 4.3　小遣いデータ（単位：万円）

No. ＼ 項目	階級値（x 単位：万円）	度数（n：人）
1	2	2
2	2.5	3
3	3	5
4	3.5	4
5	4	12
6	5	4
計		$N = 30$

　R では，次のように x にデータを入力する．同じ値を繰り返し入力する場合は関数 rep を利用する．rep(数, 繰り返し数) のように書く．また，度数分布を求めるには関数 table を用いる．さらに，モードは最も度数が大きい値のラベルを表示すればよいので，names(which.max(table(x))) のように入力する．

```
出力ウィンドウ

> x<-c(rep(2,2),rep(2.5,3),rep(3,5),rep(3.5,4),rep(4,12),rep(5,4))
# x に 2 を 2 個,2.5 を 3 個,...,5 を 4 個代入する.
> x # x を表示する.
 [1] 2.0 2.0 2.5 2.5 2.5 3.0 3.0 3.0 3.0 3.0 4.0 4.0 4.0 4.0 4.0 4.0
[17] 4.0 4.0 4.0 4.0 4.0 4.0 3.5 3.5 3.5 3.5 5.0 5.0 5.0 5.0
> table(x) # x を度数表として表示する.
x
  2 2.5   3 3.5   4   5
  2   3   5   4  12   4
> names(which.max(table(x)))
 [1] "4" #x の度数が最大値の位置を返し, さらに名前 (ラベル) を示す.
#(参考) >names(which.min(table(x)))
```

演習 4-3　次のある学生 200 人の図書の貸し出し冊数のデータについて，モードを求めよ．0 冊 5 人，1 冊 10 人，2 冊 76 人，3 冊 44 人,4 冊 25 人，5 冊 10 人，6 冊以上 30 人

例題 4-4

　ある地区の月収の世帯数の分布は表 4.4 のようであった．このとき，モード，平均，メディアンの大小関係を調べよ．

表 4.4　月収の世帯数分布表

No.＼項目	階級値 (x)	度数 (n)
5.5〜15.5	10.5	1
15.5〜25.5	20.5	15
25.5〜35.5	30.5	26
35.5〜45.5	40.5	13
45.5〜55.5	50.5	4
55.5〜65.5	60.5	1
計		$N = 60$

[**解**]　定義にしたがって求めると，以下のような大小関係になる．

$$x_{\mathrm{mod}} = 30.5, \quad \overline{x} = \frac{10.5 \times 1 + \cdots + 60.5 \times 1}{60} = \frac{1900}{60} = 31.67,$$

$$\widetilde{x} = 25.5 + 10 \times \frac{30 - 16}{26} = 30.88 \ \text{より} \ x_{\mathrm{mod}} < \widetilde{x} < \overline{x} \ \text{である．}$$

なおデータの分布に対応して，だいたい図 4.1 のような関係がある．

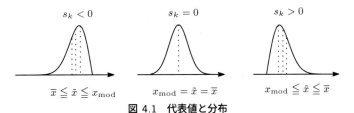

図 4.1　代表値と分布

④ 幾何平均 (geometric mean)

$\overline{x}_G$（エックスバー・ジー）で表す．正の値をとるデータ $x_1,\ \ldots,\ x_n\ (> 0)$ に対し，

$$\overline{x}_G = \sqrt[n]{x_1 \times \cdots \times x_n} = \sqrt[n]{\prod_{i=1}^{n} x_i} \tag{4.5}$$

で与えられ，年平均成長率，年平均物価上昇率などで使われる．

n 年の物価上昇率が $r_1\%, \cdots, r_n\%$ であるとき，n 年での平均物価上昇率は，

$$\sqrt[n]{(1 + r_1/100) \times \cdots \times (1 + r_n/100)} - 1$$

から計算される．

　ここで，過去 5 か年の経済成長率が 3%, 2%, 1%, 4%, 2% のとき，5 年間の平均成長率を求めてみよう．x に経済成長率 1.03, 1.02, 1.01, 1.04, 1.02 を代入し，それらを全て掛け（prod(x)），その 5 乗根を求め（prod(x)^(1/length(x))），1 を引いて平均成長率を求める．

```
┌─ 出力ウィンドウ ──────────────────────────────
│
│  > x<-c(1.03,1.02,1.01,1.04,1.02)
│  # x に 1.03,1.02,1.01,1.04,1.02 を代入する.
│  > x # x を表示する.
│  [1] 1.03 1.02 1.01 1.04 1.02
│  > prod(x)^(1/length(x))-1 # x の幾何平均を求める.
│  [1] 0.02394931
│  > # または exp(sum(log(x))/length(x))-1
│
└──────────────────────────────────────────
```

演習 4-4　過去 10 か年の経済成長率が 1%，3%，2%，5%，2%，3%，2%，1%，4%，2% のとき，10 年間の平均成長率を求めよ.

⑤ **調和平均 (harmonic mean)**

$\overline{x}_H$（エックスバー・エイチ）で表す. データ x_1, ..., x_n に対し,

$$\overline{x}_H = \frac{n}{\dfrac{1}{x_1} + \cdots + \dfrac{1}{x_n}} = \frac{1}{\dfrac{1}{n}\displaystyle\sum_{i=1}^{n}\dfrac{1}{x_i}} \tag{4.6}$$

で与えられる. お金のドル換算，平均時速などの例がある.

ここで，往きは 60km/時, 帰りは 40km/時で，目的地との間を往復したときの平均時速を求める場合，平均時速は移動距離を移動に要した時間で割ればよいので，距離を $a$km とすれば，要した時間が $\dfrac{a}{60} + \dfrac{a}{40}$ より，平均時速は $\dfrac{2a}{\dfrac{a}{60} + \dfrac{a}{40}} = \dfrac{2}{\dfrac{1}{60} + \dfrac{1}{40}} = 48$km/時と求まる.

R では x<-c(60,40) として x に時速の 60,40 を代入し，逆数の平均を求める.

```
┌─ 出力ウィンドウ ──────────────────────────────
│
│  > x<-c(60,40) # x に 60,40 を代入する.
│  > 1/sum(1/x)*length(x) # x の調和平均を求める.
│  [1] 48
│
└──────────────────────────────────────────
```

演習 4-5　往きは 30km/時, 帰りは 50km/時で，目的地まで往復したときの平均時速を求めよ.

演習 4-6　1 ドルが 90 円，100 円，120 円，112 円であるときの平均換算率を求めよ.

演習 4-7　$x_1, \cdots, x_n > 0$ のとき，$\overline{x}_H \leqq \overline{x}_G \leqq \overline{x}$　の関係が成立することを示せ.

(2) データ（分布）の広がり具合（ばらつき，散布度）をみる量

① **（偏差）平方和 (sum of squares)**

S で表す. データ $x_1, \ldots, x_n$ に対し，それらの（偏差）平方和 S は

$$S = \sum_{i=1}^{n}(x_i - \overline{x})^2 = \sum\left(x_i^2 - 2x_i\overline{x} + \overline{x}^2\right) = \sum x_i^2 - 2\overline{x}\sum x_i + n\overline{x}^2$$

$$
= \sum x_i^2 - n\overline{x}^2 \quad \left(\because \sum x_i = n\overline{x} \right) = \sum x_i^2 - \frac{(\sum x_i)^2}{n} = \sum x_i^2 - \frac{T^2}{n}
$$

$$
= \text{データの2乗和} - \frac{\text{データの和の2乗}}{\text{データ数}} \tag{4.7}
$$

で定義される.

また $\dfrac{(\sum x_i)^2}{n}$ を**修正項** (correction term) といい, CT で表す. このとき, 式 (4.8) が成立する.

$$
S = \sum x_i^2 - CT \tag{4.8}
$$

<u>度数分布表でデータが与えられる場合</u>（表 4.5 参照）の平方和は, 式 (4.9) で定義される.

表 4.5　度数分布表

項目 No.	階級値 (x)	度数 (n)	$x_i n_i$	$x_i^2 n_i$
1	x_1	n_1	$x_1 n_1$	$x_1^2 n_1$
2	x_2	n_2	$x_2 n_2$	$x_2^2 n_2$
$\vdots$	$\vdots$	$\vdots$	$\vdots$	$\vdots$
k	x_k	n_k	$x_k n_k$	$x_k^2 n_k$
計		$n. = N$	$\sum x_i n_i$	$\sum x_i^2 n_i$

$$
S = \sum_{i=1}^{k} (x_i - \overline{x})^2 n_i = \sum \left(x_i^2 - 2x_i\overline{x} + \overline{x}^2 \right) n_i = \sum x_i^2 n_i - 2\overline{x} \sum x_i n_i + N\overline{x}^2
$$

$$
= \sum x_i^2 n_i - N\overline{x}^2 = \sum x_i^2 n_i - \frac{(\sum x_i n_i)^2}{N} \quad \left(\because \sum x_i n_i = N\overline{x} \right) \tag{4.9}
$$

例題 4-5

以下は学生 6 人の 1 か月のアルバイト代のデータである. このデータについて平方和を求めよ.

25000,　30000,　45000,　21000,　15000,　8000（円）

[解]

手順 1　各データの和, 個々のデータの 2 乗和を求めるため補助表（表 4.6）を作成する.

手順 2　補助表より平方和は以下のように計算される.

$$
S = ② - \frac{①^2}{6} = 4280000000 - \frac{144000^2}{6} = 824000000
$$

R では, x にデータを代入し, 平均 mx を mean(x) で求め, 偏差の平方和を sum((x-mx) ^ 2) で求める.

出力ウィンドウ

```
> x<-c(25000,30000,45000,21000,15000,8000)
```

75

表 4.6　補助表

項目 No.	x	x^2
1	25000	625000000
2	30000	900000000
3	45000	2025000000
4	21000	441000000
5	15000	225000000
6	8000	64000000
計	① 144000	② 4280000000

```
# x に 25000,30000,45000,21000,15000,8000 を代入する.
> x # x を表示する.
[1] 25000 30000 45000 21000 15000  8000
> (mx<-mean(x)) # 平均の値を mx に代入し，表示する.
[1] 24000
> sum((x-mx)^2)
[1] 8.24e+08
```

（補 4-1）データの桁数が大きい場合や小数点以下の小さい値をとる場合などには，データ変換 $(u_i = \dfrac{x_i - a}{b})$ をした u について統計量を計算しておいて，後で戻して求めてよい. ただし，$\overline{x} = b\overline{u} + a$, $S_x = b^2 S_u$ なる関係がある. 例題 4-5 では $a = 0, b = 1000$ として計算すれば，$\overline{u} = (25 + \cdots + 8)/6 = 24$, $S_u = 25^2 + \cdots + 8^2 - (25 + \cdots + 8)^2/6 = 824$ より, $\overline{x} = 1000\overline{u} + 0 = 24000, S_x = 1000^2 S_u = 824000000$ と求まる. ◁

演習 4-8　表 4.7 のアルバイトの業種別時間給のデータに関して，平方和 S を求めよ.

表 4.7　アルバイト時間給

種別	スーパー店員	家庭教師	コンビニ店員	調査員	飲食店店員	ファーストフード店員	添削	パチンコ店員
時給 (円)	650	2000	750	900	850	800	650	950

②　（不偏）分散 (unbiased variance)

V で表す. データ $x_1,\ldots,x_n$ に対し，平方和 S をデータ数 $-1(= n - 1 = \phi)$ で割ったものが（不偏）分散 V である.

$$V = \frac{S}{n-1} = \frac{S}{\phi} \tag{4.10}$$

（注 4-2）ここで $n-1$ は**自由度** (df:degree of freedom) と呼ばれ，ϕ（ファイ）で表す. S は $x_1 - \overline{x}, \cdots, x_n - \overline{x}$ の n 個のそれぞれの 2 乗和であるが，それらの和について，$x_1 - \overline{x} + \ldots + x_n - \overline{x} = 0$ が成立し，制約が 1 つある. つまり，自由度が 1 つ減り $n-1$ が自由度になると考えればよい. データが同じ分散 σ^2 の分布から独立

にとられるとき，V の期待値について，$E(V) = \sigma^2$ が成立し，V は σ^2 の不偏 (unbiased) な推定量になっている．なお，n で S を割ったものを（標本）分散 $S^2 = S/n$ としている本も多い．◁

データが度数分布表で与えられている場合，（不偏）分散は

$$V = \frac{S}{N-1} = \frac{1}{N-1}\left\{ \sum x_i^2 n_i - \frac{(\sum x_i n_i)^2}{N} \right\} \tag{4.11}$$

で定義される．ここで，データ 1, 3, 10, 6, 5, 2 の（不偏）分散を求めてみよう．通常の計算式で求めると

$$V = (1^2 + 3^2 + 10^2 + 6^2 + 5^2 + 2^2 - (1 + 3 + 10 + 6 + 5 + 2)^2/6)5 = 10.7$$

である．R では x に数値 1,3,10,6,5,2 を代入し，関数 var(x) により計算する．

```
┌─ 出力ウィンドウ ──────────────────────────
│
│ > (x<-c(1,3,10,6,5,2)) # x に 1,3,10,6,5,2 を代入し，表示する．
│ [1]  1  3  10  6  5  2
│ > var(x) # x の不偏分散を求める．
│ [1] 10.7
│
└────────────────────────────────────────
```

③ **標準偏差 (standard deviation)**

s で表す．データ $x_1,\ldots,x_n$ に対し，分散 V の平方根（ルートブイ）を標準偏差 s という．つまり

$$s = \sqrt{V} \tag{4.12}$$

で定義される．

ここで，データ 1, 3, 10, 6, 5, 2 の標準偏差を求めてみよう．通常の計算式で求めると

$$s = \sqrt{(1^2 + 3^2 + 10^2 + 6^2 + 5^2 + 2^2 - (1 + 3 + 10 + 6 + 5 + 2)^2/6)/5} = \sqrt{10.7} = 3.271$$

である．R では x に数値 1,3,10,6,5,2 を代入し，sqrt(var(x)) か，もしくは関数 sd(x) により計算する．

```
┌─ 出力ウィンドウ ──────────────────────────
│
│ > x<-c(1,3,10,6,5,2) # x に 1,3,10,6,5,2 を代入する．
│ > sqrt(var(x)) # x の標準偏差を求める．
│ [1] 3.271085
│ > sd(x) # x の標準偏差を求める．
│ [1] 3.271085
│
└────────────────────────────────────────
```

（補 4-2）度数分布表でデータが与えられる場合で級の数が少ない（12 以下の）とき，級の中心が平均より分布の

端へずれるので，度数分布表の V が真の分散より大きくなる傾向がある．それを修正する次のシェパードの式がある．$s' = \sqrt{V - \dfrac{h^2}{12}}$ ◁

④ 範囲 (range)

データ $x_1, \ldots, x_n$ に対し，最大値 $(= x_{\max})$ から最小値 $(= x_{\min})$ を引いたものを範囲といい，R で表す．つまり

$$R = x_{\max} - x_{\min} = x_{(n)} - x_{(1)} \tag{4.13}$$

で，普通データ数が 10 以下のような少ないときに利用する．

ここで，データ 1，3，10，6，5，2 の範囲を求めてみよう．なお，R には関数 range() があるが，range(x) は x の最小値と最大値をそれぞれ表示するものである．通常の計算では，x の最大値 10 から最小値 1 を引いた値 9 が範囲となるので，R では x に数値 1，3，10，6，5，2 を代入し，関数 max,min を利用し，max(x)-min(x) を求める．

```
┌─ 出力ウィンドウ ─

> x<-c(1,3,10,6,5,2) # x に 1,3,10,6,5,2 を代入する.
> R<-max(x)-min(x) # 範囲の計算をし, R に代入する.
> R
[1] 9
```

（補 4-3）$X_1, \cdots, X_n$ が互いに独立に $N(\mu, \sigma^2)$ に従うとき，範囲 R の期待値と分散は $E(R) = d_2\sigma$, $V(R) = d_3^2\sigma^2$ である．

⑤ 四分位範囲 (interquartile range)

IQR で表す．データを昇順に並べたときの小さい方から $1/4$ 番目のデータを**第 1 四分位点**といい，Q_1 で表し，小さい方から $3/4$ 番目のデータを**第 3 四分位点**といい，Q_3 で表すとき，

$$IQR = Q_3 - Q_1 \tag{4.14}$$

である．また，$Q = IQR/2$ を**四分位偏差**という．ちょうど $1/4$ 番目，$3/4$ 番目のデータがないときは線形（直線）補間を用いる．度数分布表の場合には Q_1 は，小さい方から $n/4$ 番目のデータの属す級（クラス）を用いて，

$Q_1 =$ その級の下側境界値

　　　$+$ 級間隔 $\times (n/4 -$ その級の 1 つ前までの累積度数$)/$その級の度数 　(4.15)

で与えられる．同様に Q_3 も計算する．

ここで，データ 1，3，10，6，5，2 の四分位範囲を求めてみよう．データを昇順に並び替えて，1, 2, 3, 5, 6, 10 で下側 25% は，$(6-1) \times 0.25 = 1.25$ より
$(1 - 0.25) \times x_{(2)} + 0.25 x_{(3)} = 0.75 \times 2 + 0.25 \times 3 = 2.25$

$1, 2, 3, 5, 6, 10$ で下側 75% は, $(6-1) \times 0.75 = 3.75$ より

$(1-0.75) \times x_{(4)} + 0.75 \times x_{(5)} = 0.25 \times 5 + 0.75 \times 6 = 5.75$

そこで, 四分位範囲は $5,75 - 2.25 = 3.5$ と求まる.

R では, x に数値 $1, 3, 10, 6, 5, 2$ を代入し, 関数 quantile を利用して, 下側 25% と 75% を求める. また四分位範囲は関数 IQR を利用して求める.

```
┌─ 出力ウィンドウ ─────────────────────────────────

 > x<-c(1,3,10,6,5,2) # x に 1,3,10,6,5,2 を代入する.
 > Q1<-quantile(x,.25) # 下側 25 ％点を Q1 に代入する.
 > Q1 # Q1 を表示する.
  25%
 2.25
 > (Q3<-quantile(x,.75)) # 下側 75 ％点を Q3 に代入し, 表示する.
  75%
 5.75
 > quantile(x) # 分位点をまとめて表示する.
    0%   25%   50%   75%  100%
  1.00  2.25  4.00  5.75 10.00
 > IQR(x) # 四分位範囲を表示する.
 [1] 3.5
```

なお, 下側 $\alpha\%$ 点は $(n-1) \times \alpha/100$ の整数部分を p, 小数部分を f とすれば, $(1-f)x_{(p+1)} + fx_{(p+2)}$ で計算される. また, fivenum(x)：5 個の要約統計量とは, データ x に関する最小値, 下側ヒンジ, 中央値, 上側ヒンジ, 最大値の 5 個である.

⑥ 平均（絶対）偏差 (mean deviation)

データ $x_1, \ldots, x_n$ に対し, 平均との絶対値での偏差の平均を絶対偏差といい, MD で表す. つまり

$$MD = \frac{\sum_{i=1}^{n} |x_i - \overline{x}|}{n} \tag{4.16}$$

ここで, データ $1, 3, 10, 6, 5, 2$ の平均偏差を求めてみよう. 通常の計算では,

$\overline{x} = (1+3+10+6+5+2)/6 = 27/6 = 4.5,$

$MD = (|1-4.5| + |3-4.5| + |10-4.5| + |6-4.5| + |5-4.5| + |2-4.5|)/6$

$\quad\quad = (3.5 + 1.5 + 5.5 + 1.5 + 0.5 + 2.5)/6 = 15/6 = 2.5$

と計算される.

R では, x に数値 $1,3,10,6,5,2$ を代入し, 絶対値を求める関数 abs を利用し, sum(abs(x-mean(x)) により平均との絶対値での偏差の合計を求め, データ数で割って求める.

```
　出力ウィンドウ

> x<-c(1,3,10,6,5,2) # x に 1,3,10,6,5,2 を代入する.
> (mx<-mean(x)) # 平均の値を mx に代入し,表示する.
[1] 4.5
> md<-sum(abs(x-mx)/length(x)) # 絶対偏差の計算結果を md に代入.
> md # md の値を表示する.
[1] 2.5
```

⑦ 変動係数 (coefficient of variation)

データ $x_1, \ldots, x_n$ について平均値に対するばらつき具合を相対的にみる量で,標準偏差を平均で割ったものを変動係数といい,CV で表す.つまり

$$CV = \frac{s}{\bar{x}} \tag{4.17}$$

であり,相対的な変動としてみる.単位の異なるデータ間でのばらつきを比較したい場合などに利用される.例えば,体重 (kg) と身長 (cm) それぞれについて,クラスでのばらつきの比較を考える際,体重,身長それぞれの CV は $\frac{\text{kg}}{\text{kg}}, \frac{\text{cm}}{\text{cm}}$ いう量で単位に関係ない.そこで,ばらつきが比較できる.

ここで,データ 1, 3, 10, 6, 5, 2 の変動係数 CV を求めてみよう.通常の計算では,

$mx = (1 + 3 + 10 + 6 + 5 + 2)/6 = 4.5,$

$V = ((1^2 + 3^2 + 10^2 + 6^2 + 5^2 + 2^2) - (1 + 3 + 10 + 6 + 5 + 2)^2/6)/5 = 10.7,$

$CV = \sqrt{V}/mx = \sqrt{10.7}/4.5 = 0.7269079$

と求まる.

R では,x に数値 1,3,10,6,5,2 を代入し,標準偏差を求める関数 sd と平均を求める関数 mean を利用して,sd(x)/mean(x) で cv を求める.

```
　出力ウィンドウ

> x<-c(1,3,10,6,5,2) # x に 1,3,10,6,5,2 を代入する.
> (cv<-sd(x)/mx) # 変動係数の計算結果を cv に代入し,表示する.
[1] 0.7269079
```

なお,下側ヒンジとは中央値より小さいデータの中央値であり,上側ヒンジとは中央値より大きいデータの中央値である.

演習 4-9　以下の小学生の平均テレビ視聴時間数について,1 ~ 9 を求めよ.

　　　　1, 2, 4, 1, 3, 2, 5, 2 (時間)

　　1. 平均　2. メディアン　3. モード　4. 分散　5. 標準偏差
　　6. 範囲　7. 四分位範囲　8. 平均偏差　9. 変動係数

ここまでに取り上げた統計量で重要なものを再度載せておこう.

公式

平均：$\overline{X} = \dfrac{T}{n} = \dfrac{データの和}{データ数}$

平方和：$S = \sum(X_i - \overline{X})^2 = \sum X_i^2 - \dfrac{T^2}{n} = \sum X_i^2 - \underbrace{CT}_{修正項}$

$\qquad = データの2乗和 - \dfrac{データの和の2乗}{データ数}$

分散：$V = \dfrac{S}{n-1} = \dfrac{平方和}{データ数 - 1}$
---

(3) データ（分布）のその他の特徴をみる量

① 標本）モーメント (moment)

分布（関数）を特徴付ける（決定する）量にモーメントがあり，その定義と計算の仕方を考えよう．データ $x_1, \ldots, x_n$ に対し，原点のまわりの k 次のモーメントは

$$a_k = \frac{1}{n} \sum_{i=1}^{n} x_i^k \tag{4.18}$$

で定義され，平均のまわりの k 次のモーメントは

$$m_k = \frac{1}{n} \sum_{i=1}^{n} (x_i - \overline{x})^k \tag{4.19}$$

と定義される．

なお，p 次のモーメントを求める関数は以下のように作成される.

モーメントを求める関数 moment

```
moment=function(x,p){ # x:データ,p:モーメントの次数
 n=length(x);mp=0;m=mean(x)
 for (i in 1:n){ mp=mp+(x[i]-m)^p }
 mp=mp/n
 paste(p,"次のモーメント=",mp)
}
```

ここで，データ $1, 3, 10, 6, 5, 2$ の3次のモーメントを求めてみよう.

R では，x にデータ $1, 3, 10, 6, 5, 2$ を代入し，上で定義した関数 moment を用いて実行する.

出力ウィンドウ

```
> x<-c(1,3,10,6,5,2) # x に 1,3,10,6,5,2 を代入する.
> moment(x,3) # 上の関数を使って x の 3 次のモーメントを求める.
```

```
[1] "3 次のモーメント= 18"
```

演習 4-10　以下の式を示せ.

① $m_1 = 0$　② $m_2 = a_2 - \overline{x}^2$　③ $m_3 = a_3 - 3a_2\overline{x} + 2\overline{x}^3$

④ $m_4 = a_4 - 4a_3\overline{x} + 6a_2\overline{x}^2 - 3\overline{x}^4$　⑤ $m_k = \sum_{r=0}^{k} {}_kC_r a_{k-r}(-\overline{x})^r$

② 歪度(skewness)

s_k で表す.　歪み (ゆがみ, ひずみ) ともいわれ, 分布の非対称度を測るものさしであり, 以下に定義される.

$$s_k = \frac{m_3}{m_2^{3/2}} \tag{4.20}$$

s_k が 0 であれば, ほぼ対称とみなせる.　その正負との関係は図 4.2 のようである.

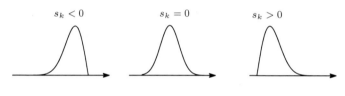

$$s_k < 0 \qquad s_k = 0 \qquad s_k > 0$$

図 4.2　歪みと分布

R では, 式 (4.20) の分子 m_3 を m3, 分母 $m_2^{3/2}$ を s3 として, 以下の様に歪度を求める関数を定義する.

```
─────────────── 歪度を求める関数 skew ───────────────
skew=function(x){ # x:データ
 m3<-sum((x-mean(x))^3)/length(x)
 s3<-sqrt(sum((x-mean(x))^2)/length(x))^3
 c("歪度"=m3/s3)
}
```

データの分布状況をみるとき, 歪度, 尖度が求められているが, R で計算するには, 以下のように 3 次, 4 次のモーメントが利用される.　データの分布をみる例として 10000 個標準正規乱数を生成し, それらのデータの歪度を計算してみよう.

```
─── 出力ウィンドウ ───
> x<-rnorm(10000) # 10000 個の標準正規乱数を生成し, x に代入する.
```

```
> skew(x) # 上の関数を使って x の歪度を求める.
        歪度
0.005924972
```

③ 尖度(kurtosis)

κ（カッパ）で表す．尖りともいわれ，分布のモードでのとがり具合を表す量であり，以下で定義される（図 4.3）．

$$\kappa = \frac{m_4}{m_2^2} \tag{4.21}$$

R では，式 (4.21) の分子 m_4 を m4，分母 m_2^2 を s4 として，以下のように歪度を求める関数を定義する．なお正規分布の場合，期待値で計算すれば 3 である．

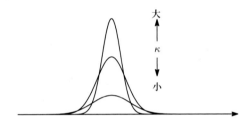

図 4.3　尖りと分布

尖度を求める関数 kurtosis

```
kurtosis=function(x){
m4<-sum((x-mean(x))^4)/length(x)
s4<-(sum((x-mean(x))^2)/length(x))^2
c("尖度"=m4/s4)
}
```

R で 10000 個の標準正規乱数を生成し，上記で定義した尖度を計算してみよう．

出力ウィンドウ

```
> x<-rnorm(10000);kurtosis(x)
# 標準正規乱数 10000 個を生成し x に代入し，上の関数を使って尖度を求める.
    尖度
2.97647
```

④ 工程能力指数 (process capability index)

C_p, C_{pk} で表す．安定した工程における規格と比較して工程の良さを表す指標であり，S_U：

上限規格 (upper specification limit)，S_L：下限規格 (lower specification limit) と表記し，規格が目標値に関して対称である場合には

$$C_p = \frac{S_U - S_L}{6s} \tag{4.22}$$

で定義され，対称でない場合には

$$C_{pk} = \min\left\{\frac{S_U - \overline{x}}{3s}, \frac{\overline{x} - S_L}{3s}\right\} \tag{4.23}$$

で定義される．それぞれの場合を図で表すと図 4.4 のようになる．斜線部は規格外を表している．

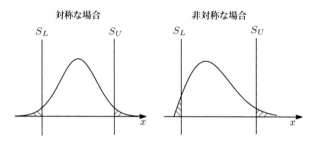

図 4.4　規格と分布

指数による評価としては

　　$1.33 < C_p$　　工程は十分良い，

　　$1 < C_p < 1.33$　　まあ良い，

　　$C_p < 1$　　不足している

が目安となっている．

　C_p について，R では，式 (4.22) の分子を 上限規格 − 下限規格 の u-l，分母を 6× 標準偏差の 6*sd として，以下のように工程能力指数を求める関数を定義する．

```
―――――――――――― 工程能力指数を求める関数 CP ――――――――――――

CP=function(x,u,l){
 mx=mean(x);s=sd(x)
 CP=(u-l)/6/s;c("工程能力指数 CP"=CP)
}
```

　R で，30 個の標準正規乱数を生成し，上記で定義した工程能力指数 (CP) を計算してみよう．

```
― 出力ウィンドウ ―――――――――――――――――――――――――――

> x<-rnorm(30) # 標準正規乱数 30 個を生成し，x に代入する．
> CP(x,1,-1) # 上の関数を使って x の CP を求める．
工程能力指数 CP
    0.3487046
```

C_{pk} について，R では，式 (4.23) の分子を 上限規格 − 平均$/3/$標準偏差 と 下限規格 − 平均$/3/$標準偏差の小さい方として，以下のように工程能力指数を求める関数を定義する．

工程能力指数を求める関数 CPK

```
CPK=function(x,u,l){
 mx=mean(x);s=sd(x)
 CPK=min((u-mx)/3/s,(mx-l)/3/s);c("工程能力指数 CPK"=CPK)
}
```

R で，50 個の標準正規乱数を生成し，上記で定義した工程能力指数 (CPK) を計算してみよう．

出力ウィンドウ

```
> x<-rnorm(50) # 標準正規乱数 50 個を生成し，x に代入する．
> CPK(x,1,-1) # 上の関数を使って x の CPK を求める．
工程能力指数 CPK
      0.2998721
```
---

⑤ ジニ係数

GI で表す．平均差と算術平均 $\overline{x}$ の 2 倍との比であり，以下で定義される．

$$GI = \frac{1}{2n^2\overline{x}} \sum_{i=1}^{n} \sum_{j=1}^{n} |x_i - x_j| \quad (x_i > 0) \tag{4.24}$$

データ $x_1,\ldots,x_n(>0)$ を大きさの順に並べ替えた $x_{(1)} \leqq \cdots \leqq x_{(n)}$（順序統計量という）を用いれば

$$GI = \frac{1}{n^2\overline{x}} \sum_{i<j}^{n} (x_{(j)} - x_{(i)}) = \frac{1}{\overline{x}} \sum_{i=1}^{n} \left(\frac{2i-n-1}{n^2} \right) x_{(i)}$$
$$= \frac{2}{n^2\overline{x}} \left(\sum_{i=1}^{n} i x_{(i)} \right) - \frac{n+1}{2n} \tag{4.25}$$

とも書ける．このとき，$0 \leqq GI < 1$ が成立している．ジニ係数は不平等度や集中度の指標として用いられる．また，45 度の完全平等線とローレンツ曲線 (Lorenz curve) に囲まれる弓形の面積の 2 倍である．なお，ローレンツ曲線は横軸を累積相対度数，縦軸を累積データの割合（累積所得の割合）をとって打点したものを折れ線で結んだものである．つまり，全データの和を $T = x_1 + \cdots + x_n$ とし，データの小さい順に i 個足したものを $r_i = x_{(1)} + \cdots + x_{(i)}$ とするとき，点 $(0,0), \left(\frac{1}{n}, \frac{r_1}{T} \right), \cdots, \left(\frac{i}{n}, \frac{r_i}{T} \right), \cdots, (1,1)$ を直線で結んだグラフである．図 4.5 を参照されたい．以下のようにジニ係数を求める関数を定義する．

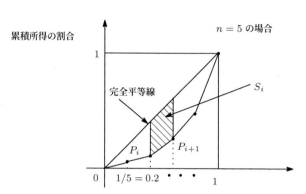

図 4.5 ローレンツ曲線

ジニ係数を求める関数 GI

```
GI=function(x){ # x:データ
 n=length(x);s=0
 for (i in 1:n){
   for (j in 1:n) {
      s=s+abs(x[i]-x[j])}
 }
 gini=s/2/n^2/mean(x);c("ジニ係数"=gini)
}
```

平均 30（万円）で標準偏差 10（万円）の収入のデータを 50（人分）生成して，それらのジニ係数を求めてみよう．

出力ウィンドウ

```
> x<-30+10*rnorm(50) # 平均 30, 標準偏差 10 の正規乱数を 50 個生成し，x に代入
>  GI(x) # 上の関数を使って x のジニ係数を求める．（データが全て正の場合）
 ジニ係数
0.2286495
```

演習 4-11

1. $\displaystyle\sum_{i<j}(x_{(j)} - x_{(i)}) = \sum_{i=1}^{n}(2i - n - 1)x_{(i)}$ が成立することを示せ．

2. 図 4.5 中の斜線部の面積 $S_i(i = 0, \cdots, n-1)$ について

$$S_i = \frac{1}{n^2\overline{x}}\left(\sum_{i=1}^{n} ix_{(i)}\right) - \frac{n+1}{2n}$$

が成立することを示せ．

⑥ （標本）相関係数（2次元での指標）

r で表す．例えば，身長と体重といった二つの変数（量）の関連の度合いを表す量に相関係数がある．身長が高ければやはり体重も重いのか，数学の成績が良い生徒は英語の成績も良いか，など一つの変数の変動に対し，もう一つの変数の変動はどうかといったことをみる量でもある．ランダムに得られる n 個のデータの組 $(x_1, y_1), \cdots, (x_n, y_n)$ に対して，

$$r = \frac{S(x,y)}{\sqrt{S(x,x)S(y,y)}} \tag{4.26}$$

であり，これを（標本）**相関係数**という．ただし，

$$S(x,y) = \sum_{i=1}^{n}(x_i - \overline{x})(y_i - \overline{y}) = \sum x_i y_i - \frac{(\sum x_i)(\sum y_i)}{n} : x \ge y \text{ の偏差積和},$$

$$S(x,x) = \sum_{i=1}^{n}(x_i - \overline{x})^2 = \sum x_i^2 - \frac{(\sum x_i)^2}{n} : x \text{ の偏差平方和},$$

$$S(y,y) = \sum_{i=1}^{n}(y_i - \overline{y})^2 = \sum y_i^2 - \frac{(\sum y_i)^2}{n} : y \text{ の偏差平方和}$$

であり，シュワルツの不等式から $-1 \leqq r \leqq 1$ である．

ここで，4個のデータの組 $(2,6)$，$(4,12)$，$(6,34)$，$(9,36)$ の相関係数を求めてみよう．

R には，式 (4.26) で定義される関数 cor(x,y) がある．2つの変数が直線的な関数関係があるときにはそれをよく表し，ピアソンの積率相関係数とも言われる．以下でデータを x<-c(2,4,6,9)，y<-c(6,12,34,36) で代入し，相関係数を関数 cor(x,y) で求めよう．

```
出力ウィンドウ

> x<-c(2,4,6,9) # x に 2,4,6,9 を代入する.
> y<-c(6,12,34,36) # y に 6,12,34,36 を代入する.
> cor(x,y)  # x と y の相関係数を求める.
[1] 0.9234301
```

⑦ α（アルファ）係数

観測されるテスト得点のみを用いて，合計得点の信頼性を計る係数である．クロンバック (Cronbach) によって提案され，以下のように定義される．

$$\alpha = \frac{n}{n-1}\left(1 - \sum_{k=1}^{n}\frac{\sigma_k^2}{\sigma_T^2}\right) \tag{4.27}$$

ただし，n は項目数，σ_k^2 は各項目の分散，σ_T^2 は合計点の分散である．

R では，データが x 個（項目数が n で，データ数が行数）与えられるとき，項目ごとの分散 var(x) と合計の分散 sum(var(x)) を用いて式 (4.27) より α 信頼係数を計算する関数を定義する．

```
┌──────────── クロンバックの信頼係数を求める関数 cron ────────────┐

 cron=function(x){ # 引数が x のクロンバックの α 信頼性係数を定義する
 x <- as.matrix(x);n <- ncol(x)  # x を行列にし, n に変数の個数 (列数) を代入
 vx <-var(x);VT <-sum(vx) # vx に分散共分散行列,VT に合計点の不偏分散を代入
 Vk <- sum(diag(vx)) # Vk に各変数ごとの不偏分散の和を代入
 return(n/(n-1)*(1-Vk/VT))} # 計算式の結果を戻す
```

　　6 行 3 列の行列（成分が (44,37,54,36,67,42,42,51,35,47,69,54,54,72,68,77,55,67) である）について，上で定義したクロンバックの α を計算してみよう.

```
┌──── 出力ウィンドウ ────┐

 x <- matrix(c(44,37,54,36,67,42,42,51,35,47,
 69,54,54,72,68,77,55,67), byrow=TRUE, ncol=3)
 > cron(x) # クロンバックの α 信頼性係数を表示する.
 [1] 0.5888789
```

　　ここで，パッケージ psy（心理学関係のプログラムを集めてたプログラム群）にクロンバックの α 信頼性係数を求める関数 cronbach があるので，パッケージ psy をインストール後に関数 cronbach を以下のように実行してみよう.

```
┌──── 出力ウィンドウ ────┐

 > library(psy) # パッケージ　psy を読み込む.
 > cronbach(x) # クロンバックの α 信頼性係数を表示する.
 $sample.size # データ数
 [1] 6
 $number.of.items # 項目数
 [1] 3
 $alpha # α 信頼係数
 [1] 0.5888789
```

4.2　グラフ化

　　R でグラフを作成するには、まず対象とするデータを用意し，それを高水準作図関数を利用してグラフを表示する．さらに，低水準作図関数でグラフに追加処理を行う．必要に応じてメニューバーの【ファイル (F)】から【別名で保存】を選択し，保存タイプを選択後ファイル名を入力して保存する．もしくはグラフの上で右クリックして，メタファイルにコピーかビットマップにコピーを選択し，ワープロソフトなどに貼り付ける.

本節では，グラフの種類ごとに分けて描画方法を解説する．

4.2.1　関数のグラフ

われわれは，関数を習うとき同時にそれをグラフに描いてきた．ここではその基本的なグラフの描き方について述べる．

実際に，直線，2次関数，正弦関数 (sin) を R によって描いてみよう．例えば，直線 $y = 0.5x + 1$ を描く場合，R では関数を定義して plot を用いて描く．つまりまず，sen という関数名で sen<-function(x) 0.5*x+1 として直線を定義する．そして，plot(sen,-4,4,lty=1) によりグラフを描く．なお，-4，4 は範囲を示し，lty=1 は実線を意味する．

同様に2次関数 $y = x^2 - 1$ を niji という関数名で niji<-function(x) x*x-1 として定義する．そして，plot(niji,-4,4,lty=2,add=T) により先ほどのグラフに追加して描く．ここでも，-4，4 は範囲を示し，lty=2 は点線を意味する．

正弦曲線は plot(sin,-4,4,lty=3,lwd=2,add=T) により先ほどのグラフに追加して描く．-4，4 は範囲を示し，lty=3 は破線を意味する．

座標軸は，abline(h=0,v=0,lty=2,col=2) で描く．col=2 により赤色を指定している．また，curve(0.5*x+1,-4,4), curve(x*x-1,-4,4,add=T) ,curve(sin(x),-4,4,add=T) のように curve を使っても描ける．追加で，y=0 (if x<0) x(if>=0) の折れ線を R で描く文を書いている．

```
┌─ 出力ウィンドウ ────────────────────────────────

> sen<-function(x) {0.5*x+1}
# sen という関数を 0.5*x+1 で定義する．
> niji<-function(x) {x*x-1}
# niji という関数を x*x-1 で定義する．
> plot(sen,-4,4,lty=1)
# 関数 sen を定義域を-4 から 4 の範囲として実線で描く．
> plot(niji,-4,4,lty=2,add=T)
# 上に加えて関数 niji を定義域を-4 から 4 の範囲として点線で描く．
> plot(sin,-4,4,lty=3,lwd=2,add=T)
# 上に加えて sin 関数を定義域を-4 から 4 の範囲として破線で描く．
> abline(h=0,v=0,lty=2,col=2) #座標軸を描く．
#curve(0.5*x+1,-4,4)  curve(x*x-1,-4,4,add=T)  curve(sin(x),-4,4,add=T)  のように
# curve を使っても描ける
# oresen=function(x) {ifelse(x<0,0,x)} oresen の定義をする．
# plot(oresen,-4,4,col=3) oresen を緑で描く．
# plot(oresen,-4,4,col=3,main="折れ線のグラフ")
```

参考として，以下に三角関数のグラフを描いてみよう．

まず，三角関数 sankaku を sankaku=function(x) y=ifelse(abs(x)<1,1-abs(x),0) return(y)

により定義し，curve(sankaku,-2,2,lty=1,col=1,main="三角関数のグラフ") により描く．更に，abline(h=0,v=0,lty=2,col=2) により，座標軸を描く．

```
sankaku=function(x){
  y=ifelse(abs(x)<1,1-abs(x),0)
  return(y)
}
curve(sankaku,-2,2,lty=1,col=1,main="三角関数のグラフ")
abline(h=0,v=0,lty=2,col=2) #座標軸を描く.
```

ここで，グラフに例えば軸, 題名, 凡例を追加する場合には，表 4.8 のような低水準作図関数から対応した関数を用いて追加できる．グラフに凡例を追加する場合には以下のように書く．図 4.6 に，凡例を追加したものが図 4.7 である．

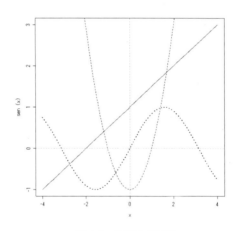

図 4.6　関数のグラフ

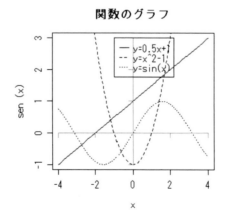

図 4.7　軸, タイトルなどを追加した関数のグラフ

表 4.8 低水準作図関数

種　類	関　数	機　能
点	points(x,y)	点を座標 (x, y) に表示する
直線	lines(x,y)	座標 (x, y) を通る直線を引く
直線	abline(a,b)	直線 $y = a + bx$(切片 a, 傾き b の直線) を描く
線分	segments(x0,y0,x1,y1)	始点 $(x0, y0)$ から終点 $(x1, y1)$ の線分を描く
矢印	arrows(x0,y0,x1,y1)	始点 $(x0, y0)$ から終点 $(x1, y1)$ への矢印を描く
矩形	rect(x0,y0,x1,y1)	$(x0, y0)$ と $(x1, y1)$ を頂点とする長方形を描く
格子	grid(a,b)	$a \times b$ 本の格子を描く
枠	box()	枠を描く
軸	axis(side=1,labels=F)	下 (side=1), 左 (side=2) に軸を描く
		上 (side=3), 右 (side=4) に軸を描く
		labels=FALSE だと目盛りのラベルは描かれない
軸	axis(side=1,pos=0)	引数 pos で軸を描く位置を指定する
		pos=0 とすれば原点を通る座標軸を描く
題名	title(main,sub)	main と sub のタイトルを記入する
文字	text(x,y, 文字)	座標 (x, y) に文字を記入する
凡例	legend(x,y, 文字)	座標 (x, y) に凡例を記入する
多角形	polygon(x,y)	座標 (x, y) に多角形の頂点の座標ベクトルを指定して多角形を描いて中を塗りつぶす

出力ウィンドウ

```
>axis(side=2,pos=0,labels=F,col=2) # 原点を通る y 座標軸を赤で描く.
>axis(side=1,pos=0,labels=F,col=2) # 原点を通る x 座標軸を赤で描く.
>title("関数のグラフ") # タイトルの追加をする.
>legend(-1,3,c("y=0.5x+1","y=x^2-1","y=sin(x)"),lty=1:3) # 凡例の追加をする. 図 4.7
```

なお, 線分の形式 lty(line type) は, lty=1 で実線, 2 で破線, 3 で点線, ⋯ のように指定する. プロットする点のマーカ pch(plotting character) を指定する場合は, pch="+" のように記入する. 色を指定する場合は, col=2 または col="red" （赤色）のように記入する. その他, 線のスタイル等の指定に用いる書式を表 4.9 に示す. なお, 画面の消去は, frame() またはplot.new() を入力する.

4.2.2 棒グラフ

基本となるグラフの一つに, 柱を描く棒グラフがある (図 4.8). 項目ごとの値の比較などに用いられる. 以下にその描き方を示す.

＜書式＞

barplot(x,beside=T または F,horiz=T または F,col=色を指示する数字,legend=)

＜意味＞

データ x, beside=T の場合 1 列を 1 組とし各データを 1 つの棒に描く. F の場合 1 列のデータを 1 つの棒に描く.

表 4.9　グラフで利用する記号

記号	意味
cex=	文字，あるいはマークのサイズを指定する．初期値は 1.
pch=	数値または" "で囲まれた文字で指定する．
	数値で指定する場合，1：○，2：△，3：＋，4：×などに対応する．
type=""	p：点プロット,l：線（折れ線）プロット,b:点と線のプロット,
	c:"b"において点を描かないプロット,
	o:点と線の重ねプロット,h:各点から x 軸までの垂線を引く,
	s:左側の値に基づいて階段状に結ぶ,S:右側の値に基づいて階段状に結ぶ,
	n:軸だけ描いてプロットしない．
lty=	線のタイプを指定する．1 は実線．2 は破線．3 は点線．
mfrow=c(m,n)	1 つの画面に m 行 n 列の図を行順に描く．初期値は c(1,1).
mfcol=c(m,n)	1 つの画面に m 行 n 列の図を列順に描く．初期値は c(1,1).
col=	軸とマークの色を指定する．
bg=	マークなどを塗りつぶすのに使用する色を指定する．
lwd=	線の太さを指定する．初期値は 1. 数値が大きくなると線が太くなる．
par(mfrow=c(2,3))	1 画面を 2 行 3 列（2×3）の 6 個に分割する．
adj=	テキストの文字列を調節する．
	0:左そろえ，0.5：中心そろえ，1:右そろえを行う．
	adj=c(x,y) で，x 軸と y 軸方向別々に指定できる．
ann=	F:軸と全体のタイトルを描かない，T:指定に沿って軸とタイトルを描く．
las=	ラベルの描き方を指定する．ラベルを 0：各軸に対して平行,
	1:全て水平，2:軸に対して垂直，3：全て垂直 に描く．
par(new=TRUE)	現在の作図に次の作図を上書きするときに入力する．
	なお，TRUE は T でもよい．

horiz=T の場合横棒，=F の場合縦棒

col=0 は白，1 は黒，2 は赤，3 は緑，4 は青，5 は水色，6 はピンク，7 は黄色，8 は灰色，…

① 棒グラフ（単一）

　R で，数値 1,3,4,5,2 の大きさに対応して図 4.8 のように棒グラフで表示するには，x にベクトル (1,3,4,5,2) を代入して，barplot(x) を以下の様に入力する．

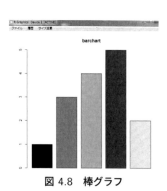

図 4.8　棒グラフ

```
> x<-c(1,3,4,5,2) # x にベクトル (1,3,4,5,2) を代入する.
> barplot(x) # x を成分ごとに棒グラフで描く.
> barplot(x,main="barchart",col=1:5) # タイトルを付ける. 図 4.8
```

② 積み上げ棒グラフ・多重棒グラフ

積み上げ棒グラフ (図 4.9) 画面を 2 分割して，積み上げ棒グラフを描く場合と多重棒グラフを描く場合を考えよう．

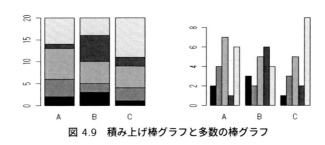

図 4.9　積み上げ棒グラフと多数の棒グラフ

＜書式＞

par(mfrow(m,n))

＜意味＞

画面を m 行 n 列に分割する．

R で 2 画面に分割するには， par(mfrow=c(1,2)) とかく．次にデータとして，ベクトル x1<-c(2,4,7,1,6)，x2<-c(3,2,5,6,4)，x3<-c(1,3,5,2,9) について，x<-cbind(x1,x2,x3) により連結する．積み上げ棒グラフに表示するため，barplot(x,col=1:5) により色を番号 1 から 5 で変えて表示する．多重グラフとして表示するには，barplot(x,beside=T,col=1:5) と beside=T を指定して書く．

```
> par(mfrow=c(1,2)) # グラフ画面を 1 行 2 列に分割して使う.
> x1<-c(2,4,7,1,6)
> x2<-c(3,2,5,6,4)
> x3<-c(1,3,5,2,9)
> x<-cbind(x1,x2,x3) # データの x1 から x3 を列で結合し,x に代入する.
> colnames(x)<-c("A","B","C") # x の列名に A～C を付ける.
> rownames(x)<-c("c1","c2","c3","c4","c5") # x の行名に c1～c5 を付ける.
> x # x を表示する.
   A B C
```

```
c1 2 3 1
c2 4 2 3
c3 7 5 5
c4 1 6 2
c5 6 4 9
> barplot(x,col=1:5) # x に 1〜5 に対応した色を付けて積み上げ棒グラフで表示する. 図 4.9
> barplot(x,beside=T,col=1:5) # x の列ごとに 1〜5 に対応した色を付けた棒グラフで表示する.
# 参考 x.col<-c("red","yellow","blue","green","cyan")
# barplot(x,col=x.col)
# barplot(x,beside=T,col=x.col)
```

③ 帯グラフ

　帯グラフで表示するには，R では barplot(y,horiz=T,col=1:5,legend=rownames(x)) のように horiz=T を指定する．なお，同時に複数の図を表示するには，par(mfrow=c(2,3)) のように 1 画面を 2 行 3 列 (2×3) の 6 個に分割する指示を与えてプロットする (図 4.10).

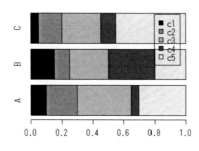

図 4.10　帯グラフ

出力ウィンドウ

```
> par(mfrow=c(1,1)) # グラフ画面を 1 行 1 列で使う.
> y<-prop.table(x,margin=2) # x の列ごとに比率計算した表を y に代入する.
> y # y を表示する.
        A    B    C
c1 0.10 0.15 0.05
c2 0.20 0.10 0.15
c3 0.35 0.25 0.25
c4 0.05 0.30 0.10
c5 0.30 0.20 0.45
> barplot(y,horiz=T,col=1:5,legend=rownames(x))
# 参考
```

```
> retuwa<-apply(x,2,sum) # x の列ごとの合計を retuwa に代入する.
> retuwa # retuwa を表示する.
 A  B  C
20 20 20
> z<-t(t(x)/retuwa) # x の列ごとの割合を計算しそれを z に代入する.
> barplot(z,horiz=T,col=1:5,legend=rownames(x)) # z を帯グラフで表示する. 図 4.10
```

4.2.3　箱ひげ図

簡便なデータの分布をみるときに用いられる (図 4.11). また, データを複数個並べることで, 複数の分布を比較する場合に用いられる (図 4.12).

＜書式＞

boxplot(x,y,xlim=x の範囲,ylim=y の範囲,type="p",main=タイトル,xlab=x 軸の名前,ylab=y 軸の名前)

＜意味＞

箱ひげ図を x 軸の名前と y 軸の名前とタイトル名をつけて表示する.

R でベクトル x について箱ひげ図で描くには, boxplot(x,main="Box and whisker plot") のように書く. また同時にベクトル x , ベクトル y を箱ひげ図に書くには boxplot(x,y,names=c("A","B"),col=5:6 ,main="Box and whisker plot") のように書く.

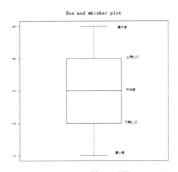

図 4.11　箱ひげ図

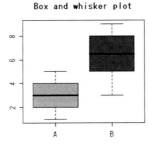

図 4.12　箱ひげ図 (複数)

┌─ 出力ウィンドウ ─────────────────────────────

```
> x<-c(1,3,4,5,2)
> boxplot(x,main="Box and whisker plot") # x の成分について箱ひげ図を描く. 図 4.11
> y<-c(5,6,8,9,7,3)
> boxplot(x,y,names=c("A","B"),col=5:6 ,main="Box and whisker plot") #図 4.12
```

4.2.4 パイ図（円グラフ）

全体に対する項目の割合, 比較を行うために用いられる (図 4.13).

＜書式＞

pie(x,col=色を指示する数字,radius=1)

＜意味＞

データを色で区別して大きさ 1 の比率の円グラフを描く. ベクトルの数値を全体の割合に応じて, 時計周りで表示する.

Rでベクトル x=(1,3,4,5,2) について, ラベル A,B,C,D,E をつけてパイ図に表示するには, pie(x,col=1:5,main="円グラフ") のように書く.

┌─ 出力ウィンドウ ─────────────────────────────

```
> x<-c(1,3,4,5,2)
> names(x)<-c("A","B","C","D","E") # x に A から E の名前を付ける.
> pie(x,col=1:5,main="円グラフ") # x の各成分を円に占める割合とした円グラフを描く. 図 4.13
```

円グラフ

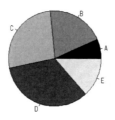

図 4.13 パイ図

4.2.5 モザイクプロット

棒の長さと太さで, 分割表の項目の構成比と大きさの両方を同時に見られる図である. 例えば表 4.10 は小学生, 中学生, 高校生の好きなスポーツを調査した結果である. これをモザイクプロットしたのが, 図 4.14 である.

<書式>

mosaicplot(x,col=色を支持する数字)（x:分割表）

<意味>

分割表の項目の構成比と大きさの両方を同時に描く.

2つの分類基準があるとき，それらの分類の間に連関があるかどうかをみるには，モザイク図を描くのが有効である．R で描くには，mosaicplot(.Table) のように書く.

表 4.10 データ

No	野球	バレー	バスケットボール	サッカー
小学生	32	22	12	35
中学生	22	38	45	50
高校生	38	36	56	62

出力ウィンドウ

```
> .Table <- matrix(c(32,22,12,35,22,38,45,50,38,36,56,62), 3, 4, byrow=TRUE)
> dimnames(.Table) <- list("年代"=c("1", "2", "3"), "好きなスポーツ" = c("1",
    "2", "3", "4"))
> .Table  # Counts
    好きなスポーツ
年代  1  2  3  4
   1 32 22 12 35
   2 22 38 45 50
   3 38 36 56 62
> rowPercents(.Table) # Row Percentages
    好きなスポーツ
年代    1    2    3    4 Total Count
   1 31.7 21.8 11.9 34.7 100.1   101
   2 14.2 24.5 29.0 32.3 100.0   155
   3 19.8 18.8 29.2 32.3 100.1   192
> .Test <- chisq.test(.Table, correct=FALSE)
> .Test
Pearson's Chi-squared test
data:  .Table
X-squared = 19.876, df = 6, p-value = 0.002914
> remove(.Test)
> remove(.Table)
> .Table <- matrix(c(32,22,12,35,22,38,45,50,38,36,56,62), 3, 4, byrow=TRUE)
> mosaicplot(.Table)   #mosaicplot(t(.Table))
```

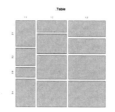

図 4.14　モザイクプロット

4.2.6　ヒストグラム

データの全体的な分布状況を調べる時に描くのがヒストグラムである（図 4.15）.

<書式>

hist(x,breaks=,ylim=y の範囲,type="p",main=タイトル,xlab=x 軸の名前,ylab=y 軸の名前)

<意味>

ヒストグラムを指定のもとで描く.

R で 100 個の標準正規乱数を生成し，ヒストグラムを描くには，x<-rnorm(100) hist(x,breaks=c(-4,-3,-2,-1,0,1,2,3,4),main="ヒストグラム") のように書く. 標準正規乱数を 10 個生成してそれらを y に代入し，y の平均と標準偏差は，mean(y), sd(y) で以下のように求める.

出力ウィンドウ

```
> x<-rnorm(100) # 100 個の標準正規乱数を生成し，y に代入する.
> hist(x,main="ヒストグラム") # 100 個の成分を持つ y をヒストグラムに描く.
# 境界値を指定する場合の書き方は以下のようである.
>hist(x,breaks=c(-4,-3,-2,-1,0,1,2,3,4),main="ヒストグラム")
# 境界値（分割点）を breaks=seq(-4,4,1) と書いてもよい.
> options(digits=3) #小数点以下 3 桁を表示する.
> y=rnorm(10)
> y
 [1] -0.466 -1.674 -0.549 -0.380 -0.553  0.267 -0.968 -0.345 -1.931  0.124
> mean(y)
[1] -0.647
> sd(y)
[1] 0.703
```

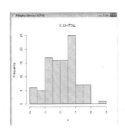

図 4.15　正規乱数のヒストグラム

例題 4-6

　以下の表 4.11 の学生の身長に関するデータについて，度数分布表およびヒストグラム
を作成し，分布について考察せよ．

表 4.11　身長のデータ (単位：cm)

147	149	150	152	156	154	153	155	154	152	153	153
155	153	157	159	160	158	157	160	158	157	158	153
159	160	159	158	157	163	165	162	165	165	165	164
164	165	166	167	168	169	170	168	171	173	172	174
178	180										

[解]

手順 1　データはすでにとられていて，データ数は $n = 50$ である（普通 $n \geqq 50$ ぐらいデータ
をとる）．また，測定単位（測定の最小のキザミ）は 1cm である．

手順 2　データの最大値 $x_{\max} = 180$ であり，最小値 $x_{\min} = 147$ である．

手順 3　級の幅 (h) を決める．
仮の級の数 k を $\sqrt{n} = \sqrt{50} = 7.07$ に近い整数である 7 として，級の幅を
$$h = \frac{x_{\max} - x_{\min}}{k} = \frac{180 - 147}{7} = 4.71\cdots$$
から，データの測定単位 1 の整数倍で近い値の 5 とする．

手順 4　級の境界値を決める．
まず一番下側の境界値をデータの最小値 $(x_{\min} = 147)$ から，$\dfrac{測定単位}{2} = \dfrac{1}{2} = 0.5$ を引いたも
のとする．つまり一番下側の境界値 $= 147 - 0.5 = 146.5$ である．そして逐次幅 $h = 5(\mathrm{cm})$ を
足していき，データの最大値 $(x_{\max} = 180)$ を含むまで級の境界値を決めていく．

手順 5　度数表の用紙を用意し，各級に含まれるデータ数を正，\ などによるカウント記号で
チェックする．

手順 6　度数分布表の完成．階級値（級の中央値）など，必要事項も記入し，表 4.12 のような

表 4.12　度数分布表

No.	級の境界値	階級値 (x_i)	チェック	度数 (n_i)
1	$146.5 \sim 151.5$	149	///	3
2	$151.5 \sim 156.5$	154	////, ////, //	12
3	$156.5 \sim 161.5$	159	////, ////, ////	14
4	$161.5 \sim 166.5$	164	////, ////	10
5	$166.5 \sim 171.5$	169	////, /	6
6	$171.5 \sim 176.5$	174	///	3
7	$176.5 \sim 181.5$	179	//	2
計				50

度数分布表を作成する.

手順 7　度数分布表からヒストグラムを描き（図 4.16），何のデータであるか,データ数 n,平均 $\overline{x}$,標準偏差 $s = \sqrt{V}$,期間,作成者などの事項を記入する.

手順 8　考察. 図 4.16 のヒストグラムから右に裾をひいたタイプの分布であることがわかる. また,モードが 159cm であることがわかるが,数人,背が高い人が混じっている. おそらく, 女性の中に数人,男性が混じっている集まりであると思われる.

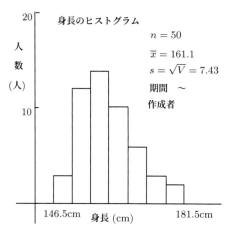

図 4.16　例題 4-6 のヒストグラム

手順 1〜8 を R で書くと次のようになり,ヒストグラムを描くことができる.

┌─ 出力ウィンドウ ─────────────

```
>rei49<-read.table("rei49.txt",header=T)
# ファイル名 rei46.txt のファイルをヘッダー付きで読み込み，変数 rei49 に代入する.
> rei46 # rei49 を表示する.
    se
1  147
```

```
     ・・・
50 180
> names(rei46)
[1] "se"
> rei46$se
 [1] 147 149 150 152 156 154 153 155 154 152 153 153 155  153 157 159
 160 158 157
 [20] 160 158 157 158 153 159 160 159 158 157 163 165 162  165 165
 165 164 164 165
 [39] 166 167 168 169 170 168 171 173 172 174 178 180
> attach(rei49) # 変数名のみでデータを扱えるようにする.
> hist(se) # 自動でヒストグラムを作成する.
> summary(se) # 変数名 se の要約を求め,表示する.
   Min. 1st Qu.  Median    Mean 3rd Qu.    Max.
  147.0   155.0   159.0   160.8   165.0   180.0
> length(se) # 変数 se の長さ(データ数)を求め,表示をする.
[1] 50
> sqrt(50) # 50 の平方根を求め,表示する.
[1] 7.071068
> k<-7 # k(=仮の区間数) に 7 を代入する.
> (180-147)/k # 区間幅の計算をする.
[1] 4.714286
> h<-5 # h(=区間幅) に 5 を代入する.
> sita<-min(se)-1/2
# sita(=最下側境界値) を se の最小値から測定単位の半分を引いて代入する.
> sita+h*k
# 最下側境界値に区間数だけ幅を足した値を求め最大値を含むかを調べる.
[1] 181.5
> ue<-sita+h*k
# ue(=最上側境界値) を最下側境界値から最大値を含むまで区間幅を足していった値とする.
> kyokai<-seq(sita,ue,h)
# kyokai に sita から逐次幅 h を代入して ue までの値を代入する. sita+h*(0:7) でもよい.
> hist(se,breaks=kyokai,xlab="身長 (cm)",ylab="人数",main="身長のヒストグラム")
# se のデータを分割点を kyokai としてヒストグラムを作成する.
# なお x 軸のラベルを身長 (cm),y 軸のラベルを人数とし,タイトルを身長のヒストグラムとする.
> hist(se,breaks=kyokai,prob=T,xlab="身長 (cm)",ylab="人数",main="身長のヒストグラム")
# 面積が全部で 1 になるようにヒストグラムを描く.
>lines(density(se),col=2) # 曲線で描く.
> dosu<-table(cut(se,kyokai)) # 各区間に属すデータ数を数える.
> dosu # dosu を表示する.
(147,152] (152,157] (157,162] (162,167] (167,172] (172,177] (177,182]
        3        12        14        10         6         3         2
 > dosu1<-table(cut(se,kyokai,right=F))
```

```
# 各区間（下側境界以上上側境界未満）に属すデータ数を数える.
> dosu1
[146,152) [152,156) [156,162) [162,166) [166,172) [172,176) [176,182)
        3        12        14        10         6         3         2
```

演習 4-13

1. 幕内相撲力士の体重に関してヒストグラムを作成し，考察せよ.
2. 各自小遣いのデータを 50 人以上についてとり，ヒストグラムを描き，考察せよ.

4.2.7　正規確率プロット

　データが正規分布に従っているかどうかをみる方法として，図 4.17 のような正規確率プロット（QQ プロット）を描くことがある. 正規分布の分位点に対してデータの分位点をプロットしたものである.

＜書式＞

qqnorm(y,main＝タイトル)

＜意味＞

正規分布の分位点に対してデータ y の分位点をプロットする.

　データが直線上にのっていればほぼ正規分布に従っているとみなされる. 100 個の標準正規乱数を生成し，それらが正規分布に従っているかを確認するには，R では y<-rnorm(100) として y に 100 個の標準正規乱数を代入し，qqnorm(y) により正規確率プロットを描く.

```
出力ウィンドウ
 > y<-rnorm(100) # 100 個の標準正規乱数を生成し, y に代入する.
 > qqnorm(y,main="正規確率プロット");qqline(y)
# y を正規確率プロットし, 正規分布の場合の直線を引く. 図 4.17
```

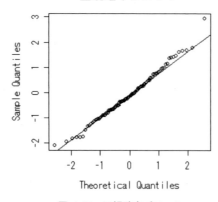

図 4.17　正規確率プロット

4.2.8 散布図

2つの変量間の関係をみるときに描くのが散布図である（図 4.18）.

＜書式＞

plot(x,y,xlim=x の範囲,ylim=y の範囲,type="p",main=タイトル,xlab=x 軸の名前,ylab=y 軸の名前)

＜意味＞

座標 (x,y) の指定に従って打点する.

R では，データ x,y を入力しておいて

plot(x,y,main="散布図")

のように入力して実行する.

100 個の標準正規乱数を生成し x に代入し，さらに 100 個の標準正規乱数を生成し y に代入してそれらの組 (x,y) を plot(x,y) により散布図に表示する.

```
─ 出力ウィンドウ ─

> x<-rnorm(100) # 100 個の標準正規乱数を生成し，x に代入する.
> y<-rnorm(100) # 100 個の標準正規乱数を生成し，y に代入する.
> plot(x,y,main="散布図") # (x,y) の 100 個の組を散布図としてプロットする.
> axis(side=2,pos=0,labels=F,col=2)
> axis(side=1,pos=0,labels=F,col=2)
# 上 2 行は abline(h=0,v=0,col=2) でもよい.
```

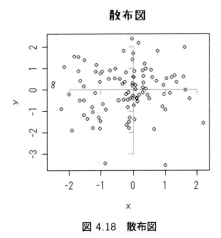

図 4.18　散布図

4.2.9 折れ線グラフ

同時に複数の折れ線を描くには以下のような matplot を利用する.

＜書式＞

matplot(data,type= ,pch= ,xlim=,main=タイトル,sub=サブタイトル)

＜意味＞

同時に，複数の打点を行う．そこでグラフを重ねて描く（図 4.19 参照）．

　ある 3 店舗の 1 月から 6 月の売上げが表 4.13 のときの各店舗の売上げの推移を 1 つのグラフにまとめる場合，R では，以下のように入力する．

表 4.13　3 店舗の売上げデー (単位：万円)

No	1 月	2 月	3 月	4 月	5 月	6 月
A	8	4	7	6	5	7
B	5	8	2	4	6	9
C	1	3	5	2	4	6

　3 個のベクトル a<-c(8,4,7,6,5,7)，b<-c(5,8,2,4,6,9)，c<-c(1,3,5,2,4,6) を時系列的に折れ線として打点するには，uriage=data.frame(a,b,c) とし，matplot(uriage,type="l",col=1:3) のように入力して実行する．このグラフにより 3 店舗の月別の売上げ推移を知る．

出力ウィンドウ

```
> a<-c(8,4,7,6,5,7)
> b<-c(5,8,2,4,6,9)
> c<-c(1,3,5,2,4,6)
> uriage<-data.frame(a,b,c)
> rownames(uriage)<-c("1gatu","2gatu","3gatu","4gatu","5gatu","6gatu")
> colnames(uriage)<-c("A","B","C")
> uriage
> matplot(uriage,type="l",col=1:3,main="3 店舗の売上高の推移（1-6 月)") #図 4.19
```

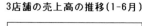

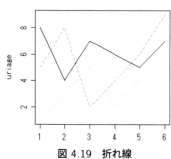

図 4.19　折れ線

4.2.10 幹葉グラフ

ヒストグラムと同様，全体のデータの分布状況をみるには，幹葉グラフを使用する．グラフの | を境として左側が整数値，右側が小数第 1 位を表す．

＜書式＞

stem(x,,main＝タイトル)

＜意味＞

データを幹と葉に分けて表示する．

R では y<-rnorm(100) として y に 100 個の標準正規乱数を代入し，stem(y,scale=2) により，y の整数部を幹，小数部の第 1 位を葉としてグラフに描く．

なお，実行結果のグラフは，出力ウィンドウに表示される．

```
出力ウィンドウ

> y<-rnorm(100) # 100 個の標準正規乱数を生成し，y に代入する．
> stem(y,scale=2) # y についてプロットの長さ 2 で幹葉表示する．
 The decimal point is at the |
 -2 | 8
 -2 | 11
 -1 | 876
 -1 | 4432221100
 -0 | 99888777766555
 -0 | 4443333322211111000
  0 | 00112223333344444
  0 | 555555556667777788
  1 | 0111244444
  1 | 668899
  2 | 4
  2 | 5
```

4.2.11 多変量連関図

多変量のデータにおける 2 変量間の関係を同時にみるとき，図 4.20 のような多変量連関図を描く．変数のペアごとに散布図を書くことで関連をみるには，pairs を利用する．

＜書式＞

pairs(x,y,main＝タイトル)

＜意味＞

座標 (x,y) の指定に従って打点する．

R で変数のペアごとの散布図を描くことにより，関連をみよう．100 個の標準正規乱数を生成し y に代入する．それを 20 行 5 列にした行列を x に代入して，x のペアごとの散布図行列を描

いてみよう.

┌─ 出力ウィンドウ ─────────────────────────────

```
> y<-rnorm(100) #100 個の標準正規乱数を生成し y に代入する
> x<-matrix(y,20,5) # y を 20 行 5 列にした行列を x に代入する.
> pairs(x)
tarenkan=function(x){ # 対角成分をヒストグラムとした.
# 散布図の関数 tarenkan() の定義をする.
  pairs(x,gap=0,diag.panel=function(z){
    par(new=TRUE)
    hist(z,main="")
  rug(z)}
  )
}
> tarenkan(x) # x の列ごとを変数とした組についての散布図を描く. 図 4.20
```

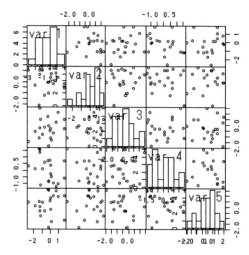

図 4.20　多変量連関図 (ヒストグラムを含む)

4.2.12　レーダーチャート（くもの巣グラフ）と星図

　多変量の特性を持つ個々のデータについて，同時に比較するときなどにレーダーチャートと同様に図 4.21 のような星形図（星図）を描く.

<書式>

stars(v,main＝タイトル)

＜意味＞

サンプルごとにレーダーチャートにより変数に関する特性をみる.

　画面を 2 分割しておいて，1 つはレーダーチャート，もう 1 つは星図を描くとする．R では，データを入力しておいて

stars(v,locations=c(0,0), main="レーダーチャート",lty=2)

を入力して実行する．以下では，c(1,2,3,4), c(4,3,2,1), c(3,2,1,5) をデータとして入力して，レーダーチャートを描いている.

┌─ 出力ウィンドウ ───────────────────────

```
> par(mfrow=c(1,2)) # 1 画面を 1 行 2 列に分割して使う.
> v1<-c(1,2,3,4);v2<-c(4,3,2,1);v3<-c(3,2,1,5)
> v<-cbind(v1,v2,v3) # v1,v2,v3 を列で結合して v に代入する.
> colnames(v)<-c("A","B","C") # v の列名に A から C をつける.
> rownames(v)<-c("1ban","2ban","3ban","4ban") # v の行名に 1ban〜4ban をつける.
> stars(v,locations=c(0,0), main="レーダーチャート",lty=2)
# 中心を (0,0) として v の列を変数とし，レーダーチャートを点線で描く.
> stars(v,main="星図")
# 各行 (サンプル) ごとにレーダーチャートを描く.
# stars(v,key.loc=c(4,6.5),draw.segments=T,main="星図")
> par(mfrow=c(1,1)) # 1 画面を 1 行 1 列に戻す.
```

レーダーチャート　　　　　　　　星図

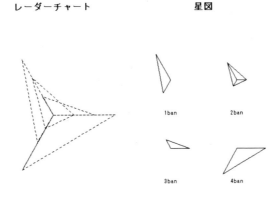

図 4.21　レーダーチャートと星図

┌─ 出力ウィンドウ ───────────────────────

```
#参考
> y<-rnorm(35)
> x<-matrix(y,7,5) # y を 7 行 5 列の行列の成分に配置した行列を x に代入する.
```

107

```
> stars(x,locations=c(0,0),main="レーダーチャート")
> y<-rnorm(100)
> x<-matrix(y,20,5) # y を 20 行 5 列の行列の成分に配置した行列を x に代入する.
> stars(x,main="星図")
> par(mfrow=c(1,1)) # 1 画面を 1 行 1 列に戻す.
```

4.2.13　確率分布のグラフの例

(1) 連続的な値をとる連続型分布

① 正規分布 $N(\mu, \sigma^2)$

　密度関数 $f(x)$ が式 (4.28) で与えられる分布を平均 μ，分散 σ^2 の正規分布といい，$N(\mu, \sigma^2)$ と表す．発見者に因んで**ガウス分布** (Gauss distribution) ともいわれる．

$$f(x) = \frac{1}{\sqrt{2\pi\sigma^2}} \exp\left[-\frac{(x-\mu)^2}{2\sigma^2}\right] \quad (-\infty < x < \infty) \tag{4.28}$$

　ただし，$\pi = 3.14159\cdots$，$\exp(x) = e^x$ で $e = 2.7182818\cdots$ である．

＜書式＞

curve(dnorm,from=a,to=b,main=**タイトル**)

curve(pnorm,from=a,to=b,main=**タイトル**)

＜意味＞

正規分布の密度関数を x の範囲を a から b まで描く．

正規分布の分布関数を x の範囲を a から b まで描く．

```
出力ウィンドウ
curve(pnorm,from=-4, to=4,lty=2) # lty=1:実線, 2:破線, 3:点破線
curve(dnorm,from=-4, to=4,lty=1,add=T) #図 4.22
```

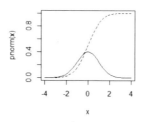

図 4.22　正規分布の密度関数・分布関数

② 一様分布 $U(a,b)$

$U(a,b)$ で表す．密度関数 $f(x)$ が式 (4.29) で与えられる分布である．一様乱数が従う分布である．

$$f(x) = \begin{cases} \dfrac{1}{b-a} & a < x < b \\ 0 & \text{その他} \end{cases} \tag{4.29}$$

＜書式＞

curve(dunif,from=a,to=b,main=タイトル)

curve(punif,from=a,to=b,main=タイトル)

＜意味＞

一様分布の密度関数を x の範囲を a から b まで描く．

一様分布の分布関数を x の範囲を a から b まで描く．

```
出力ウィンドウ
curve(dunif,from=-1,to=2)
curve(punif,from=-1,to=2,col=2,add=TRUE) #col=2:赤,1:黒,3:緑,4:青… #図 4.23
```

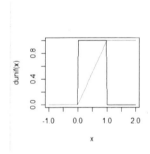

図 4.23　一様分布の密度関数・分布関数

③ 指数分布 $Exp(\lambda)$

密度関数 $f(x)$ が式 (4.30) で与えられる分布である．待ち行列でよく利用される分布である．

$$f(x) = \begin{cases} \lambda e^{-\lambda x} & 0 \leq x \ (\lambda > 0) \\ 0 & x < 0 \end{cases} \tag{4.30}$$

④ コーシー分布，ワイブル分布など

正規分布を例として，pnorm,dnorm,qnorm,rnorm のように頭に p，d，q，r を付けて累積分布関数，密度関数，分位点関数，乱数を表す．

(2) とびとびの値をとる離散型分布

① 2 項分布

　$B(n, p)$，一般に，不良率 $p(0 < p < 1)$ の工程からランダムに n 個の製品を取ったとき，x 個が不良品である確率は

$$P(X = x) = \binom{n}{x} p^x (1-p)^{n-x} (x = 0, 1, \cdots, n) \quad \left(\binom{n}{x} = {}_nC_x \right) \tag{4.31}$$

で与えられる．ただし，$\binom{n}{x}$ は相異なる n 個から x 個取るときの組合せの数を表す．このような確率で与えられる分布を二項分布といい，$B(n, p)$ で表す．

＜書式＞

plot(dbinom(x,n,p),type="h",main=タイトル)

＜意味＞

二項分布の確率関数を x の範囲で描く．

```
　出力ウィンドウ

 plot(dbinom(0:10,10,0.4),type="h")   #図 4.24
```

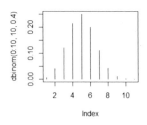

図 4.24　二項分布の確率関数

＜書式＞

plot(pbinom(x,n,p),type="s",main=タイトル)

＜意味＞

二項分布の分布関数を x の範囲で描く．

```
　出力ウィンドウ

 plot(pbinom(0:10,10,0.4),type="s",col=4)   #図 4.25
```

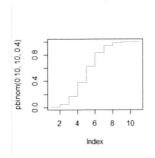

図 4.25　二項分布の分布関数

＜書式＞

barplot(dbinom(x,n,p),main＝タイトル)

＜意味＞

二項分布の確率関数を x の範囲で描く.

```
出力ウィンドウ

barplot(dbinom(0:10,10,0.4),names=0:10,xlab="x")   #図 4.26
```

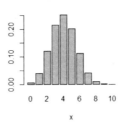

図 4.26　二項分布の確率関数

② **ポアソン分布** $P_o(\lambda)$

　ある製品について平均の欠点数が λ のとき，単位当たりの欠点数 X が

$$P(X = x) = p_x = \frac{e^{-\lambda}\lambda^x}{x!} \quad (x = 0, 1, \cdots) \tag{4.32}$$

で与えられるとき，X は平均 λ の**ポアソン分布**に従うといい，$X \sim P_o(\lambda)$ のように表す. ただし，e はネイピア (Napier) 数または自然対数の底と呼ばれる無理数で $e = 2.7182828\cdots$ である.

＜書式＞

barplot(dpois(x,lambda),main＝タイトル)

＜意味＞

ポアソン分布の確率関数を x の範囲で描く．

┌─ 出力ウィンドウ ─────────────────────

```
barplot(dpois(0:10,lambda=2.5),names=0:10,xlab="x") #図 4.27
```
└────────────────────────────────────

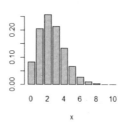

図 4.27　ポアソン分布の確率関数

┌─ 出力ウィンドウ ─────────────────────

```
#参考
x=seq(-4,6,by=0.1)
curve(dcauchy(x,location=1,scale=2),-4,6)
curve(dnorm,-4,4,type="l")
x=seq(0,5,by=0.01)
curve(dweibull(x,5,3),0,5)
```
└────────────────────────────────────

4.2.14　3 次元でのグラフの例

多次元の分布を描く場合を見てみよう．

＜書式＞

persp(x,y,z,main＝タイトル)

＜意味＞

座標 (x,y) に対し z 座標のグラフを描く．

persp() 関数を用いた例で，2 次元の正規分布 $N_2\left(\begin{pmatrix} 1 \\ -1 \end{pmatrix}, \begin{pmatrix} 1 & 0.6 \\ 0.6 & 1 \end{pmatrix}\right)$ の密度関数のグ

ラフを描いてみよう．平均ベクトルが c(1,-1) で分散行列が $\begin{pmatrix} 1 & 0.6 \\ 0.6 & 1 \end{pmatrix}$ である 2 次元正規分

布は，R では，以下のように関数を定義して描く．

```
> x<-seq(-5,5,length=100)
> y<-x
> f<-function(x,y){
+  u=100/sqrt(2*pi)
+  /sqrt(1-0.6^2)*exp(-((x-1)^2-2*0.6*(x-1)*(y+1)+(y+1)^2)/2/(1-0.6^2))
+  return (u)
+ }
> z<-outer(x,y,f)
> persp(x,y,z,theta=30,phi=30,expand=0.5,color=rainbow(50)) # 図 4.28
```

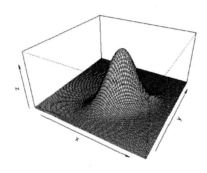

図 4.28　2 次元正規分布の密度関数

4.2.15　微分と積分

R には，関数の微分については D()，積分については integrate() という関数が用意されている．$f1(x) = 2x^3 + 5x$ を微分する場合，$f1'(x) = 6x^2 + 5$ であるが，R では D(f1,"x") と入力して実行する．$f2(x) = \cos(x)$ の場合，$f2'(x) = -\sin(x)$ であるが，R では D(f2,"x") と入力して実行する．$f3(x) = x$ を 0 から 1 まで積分する場合，$\int_0^1 f3(x)dx = 1/2$ であるが，R では integrate(f3,0,1) と入力して実行する．以下にのせておこう．

```
> f1=expression(2*x^3+5*x)
> D(f1,"x") # f1 を x で微分する.
2 * (3 * x^2) + 5
> f2=expression(cos(x))
> D(f2,"x") # f2 を x で微分する.
-sin(x)
```

113

```
> f<-deriv(~x^3,"x",func=T)
> g<-deriv(~x^2/y,c("x","y"),func=T)
> curve(f,-2,2)
> abline(h=0,v=0,lty=2,col=2) #座標軸を描く.
> f3=function(x) x # 関数 f3 を f(x)=x で定義する.
> integrate(f3,0,1) # f3 を 0 から 1 まで積分する.
0.5 with absolute error < 5.6e-15
> f4=function(x){# 切断されたコーシー分布
+ ifelse(abs(x)<1,2/(1+x^2)/pi,0)
+ }
> integrate(f4,-1,1)
1 with absolute error < 4.5e-08
```

4.2.16　余白について

R でグラフを描く際は，グラフの余白を指定することができる.

<書式>

par(mar=c(a,b,c,d))

<意味>

順に下，左，上，右の余白のサイズを a,b,c,d で指定する．単位は行の高さである．mai を用いることもでき，引数の単位はインチである．作図の全体画面の余白は oma（あるいは omi）で，余白の内側の境界線からグラフまで，グラフからグラフまでの余白を mar（または mai）で指定する.

演習解答例

演習 4-1

┌─ 出力ウィンドウ ──────────────

```
> x<-c(3000,1000,4500,25000,6000)
> mean(x)
[1] 7900
```

$\bar{x} = 7900$（円）

演習 4-2

┌─ 出力ウィンドウ ──────────────

```
> x<-c(20,15,5,18,40,30)
```

```
> median(x)
[1] 19
```

$\widetilde{x} = 19\,(分)$

演習 4-3

┌─ 出力ウィンドウ ─────────────────

```
> x<-c(rep(0,5),rep(1,10),rep(2,76),
rep(3,44),rep(4,25),rep(5,10),rep(6,30))
> table(x)
x
 0  1  2  3  4  5  6
 5 10 76 44 25 10 30
 > names(which.max(table(x)))
[1] "2"
```

$x_{\mathrm{mod}} = 2\,(冊)$

演習 4-4

┌─ 出力ウィンドウ ─────────────────

```
> x<-c(1.01,1.03,1.02,1.05,1.02,
+ 1.03,1.02,1.01,1.04,1.02)
> prod(x)^(1/length(x))-1
[1] 0.02492964
```

$\sqrt[10]{1.01 \times 1.03 \times \cdots \times 1.04 \times 1.02} \fallingdotseq 1.02493$ より $2.493(\%)$

演習 4-5

┌─ 出力ウィンドウ ─────────────────

```
> x<-c(30,50)
> length(x)/sum(1/x)
[1] 37.5
```

$\overline{x}_H = 37.5\,(\mathrm{km}/時)$

演習 4-6

┌─ 出力ウィンドウ ─────────────────────────

```
> x<-c(90,100,120,112)
> length(x)/sum(1/x)
[1] 104.2399
```

└──────────────────────────────────────

$\overline{x}_H = 104.24\,(\text{円})$

演習 4-7

帰納法による.

演習 4-8

┌─ 出力ウィンドウ ─────────────────────────

```
> x<-c(650,2000,750,900,850,800,650,950)
> xbar<-mean(x)
> S<-sum((x-xbar)^2)
> S
[1] 1357188
```

└──────────────────────────────────────

$S = 1357188$

演習 4-9

┌─ 出力ウィンドウ ─────────────────────────

```
> x<-c(1,2,4,1,3,2,5,2)
> mean(x)
[1] 2.5
> median(x)
[1] 2
> table(x)
x
1 2 3 4 5
2 3 1 1 1
> var(x)
[1] 2
> sd(x)
[1] 1.414214
> max(x)-min(x)
[1] 4
```

```
> range(x) # range を使うと最小と最大が表示される
[1] 1 5
> IQR(x)
[1] 1.5
> sum(abs(x-mean(x)))/length(x)
[1] 1.125
> sd(x)/mean(x)
[1] 0.5656854
```

1. 2.5（時間） 2. 2（時間） 3. 2（時間） 4. 2　5. 1.414　6. 4　7. 1.5　8. 1.125
9. 0.5657

演習 4-10

1. 左辺 $= m_1 = \dfrac{1}{n}\sum_{i=1}^{n}(x_i - \overline{x})^1 = \dfrac{1}{n}(n\overline{x} - n\overline{x}) = 0 = $ 右辺

2. 左辺 $= m_2 = \dfrac{1}{n}\sum_{i=1}^{n}(x_i - \overline{x})^2 = \dfrac{1}{n}(\sum_{i=1}^{n}x_i^2 - 2\sum_{i=1}^{n}x_i\overline{x} + n\overline{x}^2) = a_2 - \overline{x}^2 = $ 右辺

3. 左辺 $= m_3 = \dfrac{1}{n}\sum_{i=1}^{n}(x_i - \overline{x})^3 = a_3 - 3a_2\overline{x} + 2\overline{x}^3 = $ 右辺

以下同様

演習 4-11

1. $\displaystyle\sum_{i<j}(x_{(j)} - x_{(i)}) = \sum_{i=1}^{n-1}\sum_{j=i+1}^{n}(x_{(j)} - x_{(i)}) = \sum_{i=1}^{n-1}\sum_{j=i+1}^{n}x_{(j)} - \sum_{i=1}^{n-1}(n-i)x_{(i)} = \sum_{i=1}^{n}(i-1)x_{(i)} - $

$\displaystyle\sum_{i=1}^{n}(n-i)x_{(i)} = \sum_{i=1}^{n}(2i-n-1)x_{(i)} = $ 右辺

2. 左辺 $= \dfrac{1}{2n^2\overline{x}}\displaystyle\sum_{i=1}^{n}\sum_{j=1}^{n}|x_i - x_j| = \dfrac{1}{2\overline{x}}\sum_{i=1}^{n}\left(\dfrac{2i-n-1}{n^2}\right)x_{(i)} = \dfrac{1}{n^2\overline{x}}\sum_{i=1}^{n}ix_{(i)} - $

$\dfrac{1}{2\overline{x}}\displaystyle\sum_{i=1}^{n}\dfrac{n+1}{n^2}x_{(i)} = \dfrac{1}{n^2\overline{x}}\sum_{i=1}^{n}ix_{(i)} - \dfrac{1}{2\overline{x}}\dfrac{n+1}{n^2}\sum_{i=1}^{n}x_{(i)} = $ 右辺

演習 4-12　省略

第**5**章

Rコマンダーについて

メニュー方式でデータの解析を行うことができ
るRコマンダーについて考える. 様々なコマン
ドを覚えてなくても実行できるので大変便利で
ある.

5.1　R コマンダー入門

　R コマンダー（Rcmdr）の具体的な操作方法について説明する．なお，第 1 章と重複する部分もあるが、復習の意味も込めて記載している．

5.1.1　R コマンダーのインストール

　1.1.2 項および 1.1.3 項を参照されたい．なお，初めて R コマンダーを立ち上げようとしたとき更に必要なパッケージをインストールするよう要求されることがある．

5.1.2　R コマンダーの起動

　R コマンダーを起動するため,

```
出力ウィンドウ
> library(Rcmdr) # R コマンダーを起動する.
```

を入力する．すると R コマンダーの初期画面図 5.1 が現れる．上から，操作を選択するメニューバー，データセットに関する操作のメニューバー，コマンドを入力するスクリプトウィンドウ，結果を出力する出力ウィンドウ，メッセージを表示するメッセージウィンドウである．

図 5.1　R コマンダーの初期画面

5.1.3　R コマンダーの終了

　メニューバーから

① 【ファイル】 ▶ 【終了】 ▶ 【コマンダーと R を】

と選択すると R と R コマンダー を終了する．

② 【ファイル】 ▶ 【終了】 ▶ 【コマンダーを】

と選択すると R コマンダーのみを終了する．その後, OK をクリック

5.1.4　Rコマンダーでの簡単な計算例

R Editor と同様にスクリプトウィンドウにコマンドをキー入力して，範囲指定して，画面中程にある 実行 をクリックして実行することができる．また，実行したい内容を含んだファイルを保存している場合には，【ファイル】▶【スクリプトファイルを開く...】を選択し，保存してあるフォルダを選び，開くファイルを「全てのファイル (*.*)」から指定して開く．実際に，以下に簡単な計算例の実行結果を載せておこう（図 5.2, 図 5.3）.

図 5.2　Rコマンダーでの計算例 1

図 5.3　Rコマンダーでの計算例 2

5.1.5　R コマンダーの機能

メニューーバーの各項目に沿って以下の機能がある.

1. ファイル, 2. 編集, 3. データ, 4. 統計量, 5. グラフ, 6. モデル, 7. 分布, 8. ツール, 9. ヘルプ

表示した状況において利用できないメニューはグレイ表示され, 選択できないようになっている. 例えば, データセットが因子(質的変数)を含まない場合, 分割表に対するメニュー項目は選択できない.

1.【ファイル】

スクリプトファイルを読み込んだり保存したりする. 出力や R ワークスペースの保存, 終了の機能を持つ.【ファイル】をクリックして表示される機能は以下のとおりである (図 5.4).

- スクリプトファイルを開く
- スクリプトを保存
- スクリプトに名前をつけて保存
- 出力を保存
- 出力をファイルに保存
- R ワークプレースの保存
- R ワークプレースに名前をつけて保存
- 終了

図 5.4　R コマンダーのメニューーバーのファイル選択画面

2.【編集】

ウィンドウとタブのテキストを編集(切り取り, コピー, ペースト他)するためのメニュー. メニューーバー以外でも, ウィンドウまたはタブ内で右クリックをすると, 内容を編集するメニューが表示される. スクリプトウィンドウまたは出力ウィンドウで右クリックすると, 編集のコンテキストメニューが表示される(図 5.5).【編集】をクリックして表示される機能は以下のとおりである.

図 5.5　Rコマンダーのメニューバーの編集選択画面

- 切り取り
- コピー
- 貼り付け
- 削除
- 検索
- 全てを選択
- ウィンドウをクリア

3.【データ】

　データの読み込み，データ処理をするためのサブメニュー（図 5.6）．この中のいくつかの機能について，操作方法の詳細を以下に記す．

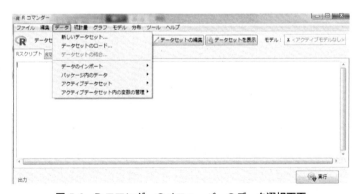

図 5.6　Rコマンダーのメニューバーのデータ選択画面

① データの作成

　【データ】▶【新しいデータセット】をクリック後，データセット名をキー入力後，OKをクリックする．シートの入力したいセルをマウスでクリック後，データをキー入力する．

② データの読み込み

　【データ】▶【データのインポート】をクリック後，以下のどちらかの方法でデータのファイル形式を指定する.

- SPSS, Mnitab, STATA, Excel・Acess・dBase などから選択
- テキストファイルまたはクリップボードから：データセット名をキー入力

③ パッケージ内のデータの読み込み

　【データ】▶【パッケージ内のデータ】をクリックする.

④ パッケージ内のデータの表示

　【パッケージ内のデータセットの表示】を選択するとサンプルデータの一覧が表示される.【データ】▶【パッケージ内のデータ】をクリック後，【アタッチされたパッケージからデータセットを読み込む】を選択する.

⑤ データのアクティブ化

　データを現在取り扱う状況にすることをデータのアクティブ化といい，以下のような操作を行う.【データ】▶【アクティブデータセット】▶【アクティブデータセットの選択】をクリック後，データセットを指定して，OKをクリックする.

4.【統計量】

　基本的な統計分析を行うためのサブメニュー（図 5.7).【統計量】をクリックして表示される機能は以下のとおりである.

図 5.7　Ｒコマンダーのメニューバーの統計量選択画面

- 要約：アクティブデータセット，数値による要約，頻度分布，欠測値を数える，層別の統計量，相関行列，相関の検定，分割表の作成
- 分割表：2 元表，多元表，2 元表の入力と分析
- 平均：1 標本 t 検定，独立サンプル t 検定，対応のある t 検定，1 元配置分散分析，多元配置分散分析

- 比率:1 標本比率の検定

- 分散：分散の比の F 検定，バートレットの検定，ルビーンの検定

- ノンパラメトリック検定：2 標本ウィルコクソン検定，対応のあるウィルコクソン検定，クラスカル・ウォリス検定

- 次元解析：スケールの信頼性，主成分分析，因子分析，クラスター分析

- モデルへの適合：線形回帰，線形モデル，一般化線形モデル，多項ロジットモデル，比例オッズロジットモデル

ここでは具体的な例として，【要約】の適用を行ってみよう．

例題 5-1（要約）

表 5.1 は，医薬品メーカー各社の 2022 年 3 月期における売上高、営業利益、資産合計の連結データである．データの要約を行おう．

表 5.1　各企業の連結財務データ（2022 年 3 月期　単位：億円）

会社	売上高	営業利益	資産合計
A	760	171	1652
B	1102	144	1631
C	325	8	495
D	1295	224	3510
E	654	-14	2381
F	349	45	752
G	511	199	971
H	595	64	1243
I	1055	50	1719

≪R(コマンダー) による解析 ≫

手順0　データの準備

データファイルは表計算ソフトを利用して csv(カンマ区切りのデータ）ファイルを作成したり，R コマンダーのメニューバーの【データ】から新規に作成するのが一般的である．ここでは Excel を用いてデータファイルを作成してみよう．

Excel のシートに表 5.1 のデータを入力し（図 5.8），csv ファイルとして図 5.9 のように csv を拡張子としたファイル名（例えば rei51.csv）で 保存 をクリックする．途中いくつか確認画面が表示されるが，逐次 OK をクリックして保存する．

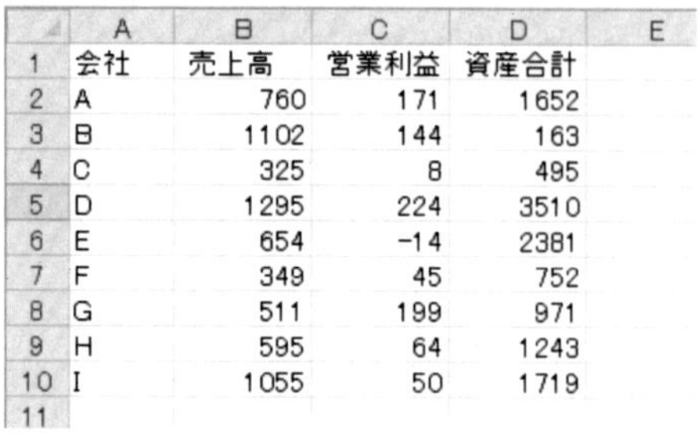

図 5.8　データの作成

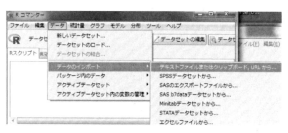

図 5.9　データの保存

手順 1　データの読み込み

図 5.10 のように【データ】▶【データのインポート】▶【テキストファイルまたはクリップボード，URL から...】を選択すると，図 5.11 が表示される.

図 5.10　ファイルの読み込み

図 5.11　ダイアログボックス

上記の操作に対応して以下が出力ウィンドウに表示される.

```
┌─ 出力ウィンドウ ──────────────────────────────
│
│ > rei51 <- read.table("rei51.csv",
│ header=TRUE, sep=",",na.strings="NA", dec=".", strip.white=TRUE)
│ > showData(Dataset, placement='-20+200', font=getRcmdr('logFont'),
│ + maxwidth=80, maxheight=30)
│
└──────────────────────────────────────────────
```

　図 5.11 のダイアログボックスで,「データセット名を入力:」で「rei51」と入力し,「フィールドの区切り記号」で「カンマ」にチェックを入れ, OK をクリックする. するとファイルを指定するためフォルダが表示されるので, 図 5.12 のように読み込むファイルがあるフォルダを選択し, ファイルを指定し, 開く (O) をクリックし, さらに図 5.13 で データセットを表示 をクリックすると, 図 5.14 のようにデータが表示される.

図 5.12　フォルダのファイル

図 5.13　データの表示指定

会社	売上高	営業利益	資産合計
A	760	171	1652
B	1102	144	163
C	325	8	495
D	1295	224	3510
E	654	-14	2381
F	349	45	752
G	511	199	971
H	595	64	1243
I	1055	50	1719

図 5.14　データの表示

手順 2　データの基本統計量の計算

図 5.15　アクティブデータセットの要約指定

　図 5.15 のように【統計量】▶【要約】▶【アクティブデータセット】（現在扱っているデータセットのこと）を選択し，[OK] をクリックすると次の出力結果が表示される．以下の出力ウィンドウの売上高 営業利益 資産合計について，上から順に最小値，第 1 四分位点、中央値，平均，第 3 四分位点，最大値である．

```
┌ 出力ウィンドウ ─────────────────────────────

> summary(rei51)
      会社         売上高          営業利益         資産合計
 A    :1    Min.   : 325.0   Min.   :-14    Min.   : 163
 B    :1    1st Qu.: 511.0   1st Qu.: 45    1st Qu.: 752
 C    :1    Median : 654.0   Median : 64    Median :1243
 D    :1    Mean   : 738.4   Mean   : 99    Mean   :1432
 E    :1    3rd Qu.:1055.0   3rd Qu.:171    3rd Qu.:1719
 F    :1    Max.   :1295.0   Max.   :224    Max.   :3510
 (Other):3
```

　図 5.16 のように【統計量】▶【要約】▶【数値による要約...】を選択し，図 5.17 のように変数として【営業利益】，【資産合計】，【売上高】を選択後，図 5.18 のダイアログボックスで，すべての項目にチェックを入れ，[OK] をクリックする．すると，次の出力結果が表示される．

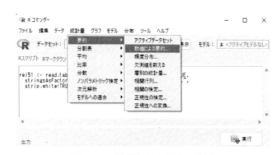

図 5.16　数値による要約の指定

図 5.17 変数の選択

図 5.18 数値による要約ダイアログボックス

　出力ウィンドウにおいて営業利益　資産合計　売上高の各項目について左から順に mean（平均）, sd（標準偏差）, IQR（四分位範囲）, cv（変動係数）, skewness（歪度）, kurtosis（尖度）, 0%（最小値）, 25%（第 1 四分位点）, 50%（中央値）, 75%（第 3 四分位点）, 100%（最大値）, n(データ数) である.

```
出力ウィンドウ

> numSummary(rei51[,c("営業利益", "資産合計", "売上高")],
+   statistics=c("mean", "sd", "IQR", "quantiles", "cv", "skewness",
+   "kurtosis"), quantiles=c(0,.25,.5,.75,1), type="2")
              mean         sd  IQR        cv  skewness   kurtosis
営業利益    99.0000   86.90944  126 0.8778731 0.2210862 -1.6487639
資産合計  1431.7778 1033.70847  967 0.7219755 0.9577150  0.8467397
売上高     738.4444  343.62775  544 0.4653400 0.4242897 -1.1358963
            0% 25%  50%   75% 100% n
営業利益   -14  45   64   171  224 9
資産合計   163 752 1243  1719 3510 9
売上高     325 511  654  1055 1295 9
```

5.【グラフ】

　様々な統計グラフを作成するためのメニュー (図 5.19).【グラフ】をクリックして表示される機能は以下のとおりである.

図 5.19　R コマンダーのメニューバーのグラフ選択画面

- インデックスプロット：点プロットもしくは線プロットをデータの順に表示する.
- ヒストグラム：データの度数分布に基づいた柱状図を描く.
- 幹葉表示：データの値そのものを用いて作成するヒストグラムに似た図.
- 箱ひげ図：データのばらつきをわかりやすく表現するための統計図.
- QQ プロット：2 つの確率分布を互いに対してプロットすることによって比較する統計学のグラフィカルな方法.
- 散布図：縦軸、横軸に 2 項目の量や大きさ等を対応させ，データを点でプロットしたもの.
- 折れ線グラフ：散布図の一種であり，プロットされた点を直線でつないだもの.
- 条件付き散布図：ある条件（層別など）に基づいて作成された散布図.
- 平均のプロット：要因の水準ごとに平均をプロットしたグラフ.
- 棒グラフ：数量の大きさを視覚的に捉えやすくするために，数量を棒の長さで表したグラフ.
- 円グラフ：丸い図形を扇形に分割し、何らかの構成比率を表したグラフ.
- 3 次元グラフ：3 次元で立体的に表示させたグラフ.
- グラフをファイルで保存.

具体的な例として，散布図・散布図行列を描いてみよう.

例題 5-2（散布図）

　例題 5-1 の表 5.1 の連結財務データについて，縦軸を売上高、横軸を資産合計とした散布図を作成しよう．さらに、3 変数に関して散布図行列を作成せよ．

≪R(コマンダー) による解析 ≫

手順 1　グラフ化（散布図の作成)

　データの散布図を描こう．図 5.20 のように【グラフ】▶【散布図】を選択し，図 5.21 のように x 変数として【資産合計】，y 変数として【売上高】を指定して，図 5.22 のようにオプション

を設定して，$\boxed{\text{OK}}$ をクリックする．図 5.23 の「点の特定」で $\boxed{\text{OK}}$ をクリックする．図 5.24 の
グラフ上で点にマウスを合わせ，グラフ上の点を逐次クリックして，点のサンプル番号が表示さ
れ，図 5.25 の散布図が表示される．

図 5.20　グラフの指定

図 5.21　変数の選択

図 5.22　散布図のオプション設定

図 5.23　点を特定

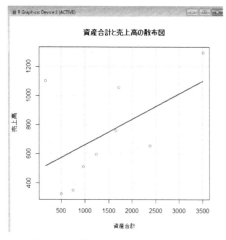

図 5.24　散布図の点の特定開始画面

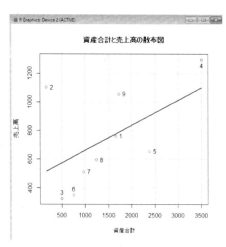

図 5.25　散布図の表示

　上記の操作に対応して以下の出力が表示される.

```
  出力ウィンドウ

> scatterplot(売上高~資産合計, reg.line=lm, smooth=FALSE, spread=FALSE,
+   id.method='identify', boxplots=FALSE, span=0.5, xlab="資産合計",
+   ylab="売上高", main="資産合計と売上高の散布図", data=rei51)
[1] "1" "2" "3" "4" "5" "6" "7" "8" "9"
```

　多変数の場合，図 5.26 のように【グラフ】▶【散布図行列】を選択し，図 5.27 で変数として【営業利益】,【資産合計】,【売上高】を指定して，オプションの設定で図 5.28 のように「Number of points to identify in each panel and group」を 9 としてサンプル数を設定し, OK をクリックする. すると，図 5.29 の散布図行列が表示される. なお，サンプル数は 10 までしか設定できない.

図 5.26　グラフの指定

図 5.27　変数の選択

図 5.28　散布図行列のオプション設定

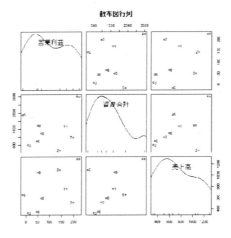

図 5.29　散布図行列の表示

散布図行列の指定を行うと以下の出力が表示される.

--- 出力ウィンドウ ---

```
> scatterplotMatrix(~営業利益 + 資産合計 + 売上高, reg.line=FALSE, smooth=FALSE,
+   spread=FALSE, span=0.5, id.n=10, diagonal = 'density', data=rei51,
+   main="散布図行列")
```

手順 2　相関行列を求める

また,基本統計量である相関行列は図 5.30 のように【統計量】▶【要約】▶【相関行列...】を選択し,図 5.31 のように変数選択して,以下のように求まる.

--- 出力ウィンドウ ---

```
> cor(rei51[,c("営業利益","資産合計","売上高")], use="complete")
          営業利益   資産合計     売上高
営業利益 1.0000000 0.2500125 0.5124899
資産合計 0.2500125 1.0000000 0.5260286
売上高   0.5124899 0.5260286 1.0000000
> partial.cor(rei51[,c("営業利益","資産合計","売上高")], use="complete")
Partial correlations:
          営業利益 資産合計   売上高
営業利益  0.00000 -0.02680 0.46265
資産合計 -0.02680  0.00000 0.47858
売上高    0.46265  0.47858 0.00000

 Number of observations: 9
```

図 5.30　相関行列の指定

図 5.31　変数の指定

また，偏相関行列は【偏相関】にチェックを入れて (図 5.32)，OK をクリックすると，以下のように求まる.

図 5.32　偏相関行列の指定

┌─ 出力ウィンドウ ─────────────────────────────────

```
> options(digits=3)
#小数点以下の桁数の指定
> partial.cor(rei51[,c("営業利益","資産合計","売上高")], use="complete")
 Partial correlations:
        営業利益 資産合計 売上高
営業利益    0.000   -0.027  0.463
資産合計   -0.027    0.000  0.479
売上高      0.463    0.479  0.000
 Number of observations: 9
```

└──

6.　【モデル】

統計モデルに対する数値による要約，信頼区間，仮説検定，診断，グラフのためのメニュー

(図 5.33).残差といった診断の統計量をデータセットに追加する機能を持つ.【モデル】をクリックして表示される機能は以下のとおりである.

図 5.33　Rコマンダーのメニューバーのモデル選択画面

- アクティブモデルを選択
- モデルを要約
- 計算結果をデータとして保存
- 信頼区間
- 仮説検定
- 数値による診断
- グラフ
    - 基本的診断プロット
    - 残差 QQ プロット
    - 偏残差プロット
    - 偏回帰プロット
    - 影響プロット
    - 効果プロット

7.【分布】

標準的な分布の累積確率,確率密度,分位点を求め,グラフを作成するサブメニュー(数値表の代わりに用いたり,これらの分布からのサンプルを得たりすることも可能)(図 5.34).【分布】をクリックして表示される機能は以下のとおりである.

- 連続分布
    - 正規分布
    - t 分布
    - 偏残差プロット
    - 偏回帰プロット

●影響プロット

●離散分布

図 5.34　R コマンダーのメニューバーの分布選択画面

以下では，具体的に【分布】を利用してみよう．

例題 5-3

(1) 平均 5，分散 3^2 の正規分布の密度関数を描こう（グラフの描画）．

(2) 次の確率を求めよ（下側確率・上側確率）．

1) $X \sim N(5,\,3^2)$(確率変数 X が平均 5，分散 9 の正規分布にしたがう) のとき，以下の確率を求めてみよう．

① $P(X < 7):X < 7$ となる確率　　② $P(X < 0)$　　③ $P(-2 < X < 10)$

2) $X \sim N(\mu,\,\sigma^2)$ のとき，$P(\mu - k\sigma < X < \mu + k\sigma)$ $(k = 1,\,2,\,3)$ を求めてみよう．

(3) 標準正規分布において以下の数値を求めてみよう（分位点）．

① 下側 1% 点　② 下側 5% 点（上側 95% 点）　　③ 上側 10% 点（下側 90% 点）

④ 上側 2.5% 点（下側 97.5% 点）　　⑤ 両側 5% 点　⑥ 両側 10% 点

≪R(コマンダー) による解析 ≫

● グラフの描画

　(1) 図 5.35 のように，R コマンダーのツールバーから【分布】▶【連続分布】▶【正規分布】▶【正規分布を描く...】と選択後，図 5.36 のダイアログボックスで平均 5，標準偏差 3 をキー入力後，OK をクリックする．すると図 5.37 のグラフが表示される．

図 5.35　正規分布を描く

図 5.36　ダイアログボックス（正規分布）

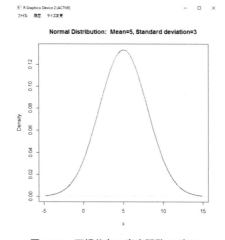

図 5.37　正規分布の密度関数のグラフ

この操作に対応して以下が出力ウィンドウに表示される.

```
┌ 出力ウィンドウ ──────────────────────────

> # 図 5.37
> local({
+    .x <- seq(-4.872, 14.872, length.out=1000)
```

```
+    plotDistr(.x, dnorm(.x, mean=5, sd=3), cdf=FALSE, xlab="x", ylab="Density",
+    main=paste("Normal Distribution:  Mean=5, Standard deviation=3"))
+ })
```

● **下側確率**

　(2) 1) ③について考える．①，②も同様である．

　まず $P(X < 10)$ を求める．そこで，【分布】▶【連続分布】▶【正規分布】▶【正規分布の確率...】と選択し（図 5.38），図 5.39 のダイアログボックスで，変数の値 10，平均 5，標準偏差 3 をキー入力後，OK をクリックする．すると，図 5.40 の出力ウィンドウ上から次の出力結果が表示される．

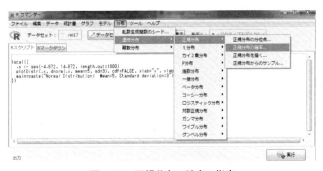

図 5.38　正規分布の確率の指定

図 5.39　ダイアログボックス（正規分布の確率 ①）

図 5.40　計算結果

139

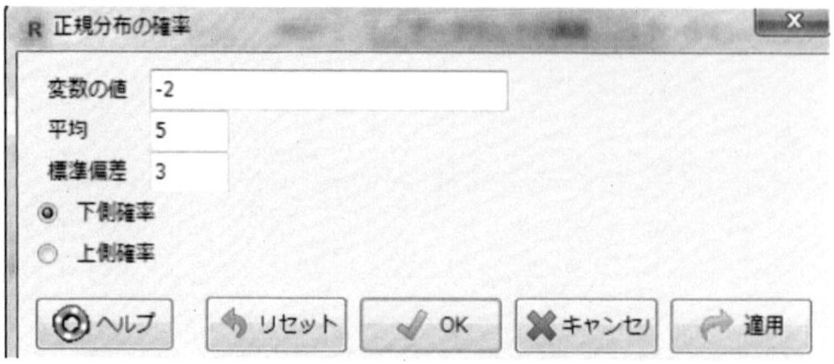

図 5.41　ダイアログボックス（正規分布の確率 ②）

図 5.42　計算結果 2

　　次に，$P(X < -2)$ を求める．$P(X < 10)$ と同様にして，図 5.41 のダイアログボックスで，変数の値 -2，平均 5，標準偏差 3 をキー入力後，$\boxed{\text{OK}}$ をクリックする．すると，図 5.40 の 2 番目の出力結果が表示される．

　　平均 5，標準偏差 3 の正規分布での 10 以下である確率（下側確率）は，コマンド入力では

pnorm(c(10),mean=5,sd=3,lower.tail=TRUE)

で，平均 5，標準偏差 3 の正規分布での-2 以下である確率（下側確率）は，コマンド入力では

pnorm(c(-2),mean=5,sd=3,lower.tail=TRUE)

である．さらに，$P(-2 < X < 10) = P(X < 10) - P(X < -2)$ なので，上の 2 つの確率の引き算をすればよい．そこでスクリプトウィンドウで 2 番目の式の前に-をキー入力し 1 番目の式から 2 番目の式を引いた図 5.42 の最下行の式より，0.9423943 が求める確率である．

```
─ 出力ウィンドウ ─────────────────────────

> pnorm(c(10), mean=5, sd=3, lower.tail=TRUE)
[1] 0.9522096
> pnorm(c(-2), mean=5, sd=3, lower.tail=TRUE)
[1] 0.009815329
>pnorm(c(10),mean=5,sd=3,lower.tail=TRUE)-pnorm(c(-2),mean=5,sd=3,lower.tail=TRUE)
[1] 0.9423943

```

(2) 2) $k = 1$ のときを考える．まず $P(X < 1)$ を求める．

次に，【分布】▶【連続分布】▶【正規分布】▶【正規分布の確率...】と選択し，図 5.43 のダイアログボックスで，変数の値 1，平均 0，標準偏差 1 をキー入力後，[OK] をクリックする．すると，次の出力結果が表示される．

```
>pnorm(c(1), mean=0, sd=1, lower.tail=TRUE)
[1] 0.8413447
```
出力ウィンドウ

そこで求める確率は，0.8413447 である．

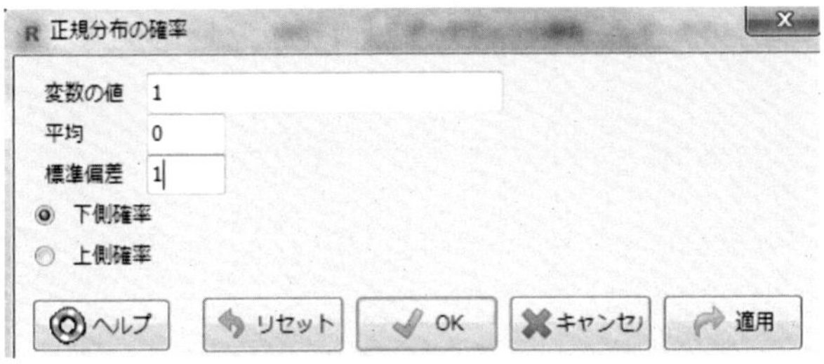

図 5.43　ダイアログボックス（正規分布の確率 ③）

次に，$P(X < -1)$ を求める．そこで，【分布】▶【連続分布】▶【正規分布】▶【正規分布の確率...】と選択し，図 5.44 のダイアログボックスで，変数の値 -1，平均 0，標準偏差 1 をキー入力後，[OK] をクリックする．すると，次の出力結果が表示される．そこで求める確率は，0.1586553 である．

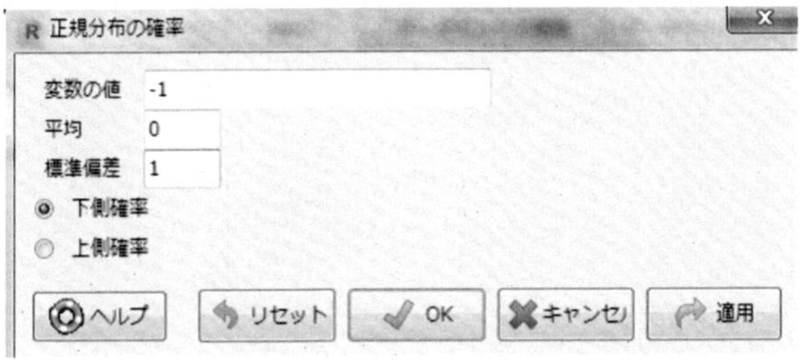

図 5.44　ダイアログボックス（正規分布の確率 ④）

```
> pnorm(c(-1), mean=0, sd=1, lower.tail=TRUE)
[1] 0.1586553
```
出力ウィンドウ

スクリプトウィンドウで図 5.45 のように − をキー入力後，1 行を範囲指定して（ドラッグ）実

行をクリックすると出力が得られる．そこで求める確率は, 0.6826885 である．

図 5.45　範囲 $-1 < X < 1$ の確率

出力ウィンドウ

```
>pnorm(c(1),mean=0, sd=1, lower.tail=TRUE)- pnorm(c(-1),mean=0,sd=1,lower.tail=TRUE)
[1]0.6826885
```

$k = 2, 3$ のときも同様に求められる．

● **分位点**

(3) ② については,【分布】▶【連続分布】▶【正規分布】▶【正規分布の分位点...】と選択し
(図 5.46),図 5.47 のダイアログボックスで確率 0.05, 平均 0, 標準偏差 1 をキー入力後, OK
をクリックする．

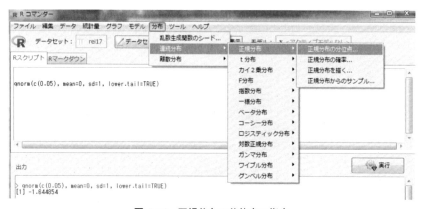

図 5.46　正規分布の分位点の指定

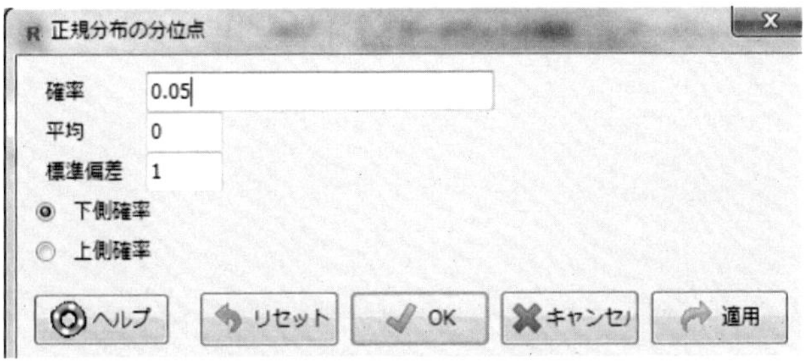

図 5.47　ダイアログボックス（正規分布の分位点）

すると，次の出力結果が表示される．よって，求める分位点は-1.644854 である．

```
┌─ 出力ウィンドウ ──────────────────────────────
│
│ > qnorm(c(0.05), mean=0, sd=1, lower.tail=TRUE)
│ [1] -1.644854
│
```

② 以外の他の ① ～ ⑥ なども同様にして以下の出力が得られる．

```
┌─ 出力ウィンドウ ──────────────────────────────
│
│ > qnorm(0.01,0,1)
│ [1] -2.326348
│ > qnorm(0.05,0,1)
│ [1] -1.644854
│ > qnorm(0.90,0,1)
│ [1] 1.281552
│ > qnorm(0.975,0,1)
│ [1] 1.959964
│ > qnorm(0.025,0,1);qnorm(0.975,0,1)
│ [1] -1.959964
│ [1] 1.959964
│ > qnorm(0.05,0,1);qnorm(0.95,0,1)
│ [1] -1.644854
│ [1] 1.644854
│
```

例題 5-4

(1) 試行回数 10，成功率 0.2 の二項分布 $B(10, 0.2)$ の確率関数を描こう（グラフの描画）．

(2) 次の確率を求めてみよう（下側確率・上側確率）．

1) $X \sim B(5, 0.8)$ のとき， ① $P(X \leqq 3)$ ② $P(2 \leqq X \leqq 4)$

2) $X \sim B(7, 0.4)$ のとき， $P(X = 0), \ldots, P(X = 7)$

(3) $X \sim B(20, 0.3)$ のとき，以下の分位点を求めてみよう．

---

① $P(X \leqq a) \leqq 0.01$ となる a を求めてみよう．② 下側 5% 点（上側 95% 点）

③ 上側 10% 点（下側 90% 点）　　④ 上側 2.5% 点（下側 97.5% 点）

≪ R(コマンダー) による解析 ≫

● グラフの描画

(1) 図 5.48 のように【分布】▶【離散分布】▶【2 項分布】▶【2 項分布を描く...】と選択し，図 5.49 のダイアログボックスで，試行回数 10，成功の確率 0.2 をキー入力後，OK をクリックする．すると図 5.50 のグラフが表示される．

図 5.48　2 項分布の確率関数の指定

図 5.49　ダイアログボックス（2 項分布）

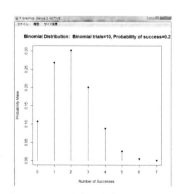

図 5.50　2 項分布の密度関数のグラフ

上記の操作に対応して以下が出力ウィンドウに表示される．

```
┌─ 出力ウィンドウ ──────────────────────────────────
> # 図 5.48
> local({
+   .x <- 0:7
+   plotDistr(.x, dbinom(.x, size=10, prob=0.2), xlab="Number of Successes",
+ ylab="Probability Mass", main="Binomial Distribution:  Binomial trials=10,
+ Probability of success=0.2", discrete=TRUE)
+ })
```

● **裾の確率**

(2) 1) ①について考える．図 5.51 のように【分布】▶【離散分布】▶【2項分布】▶【2項分布の裾の確率...】と選択し，図 5.52 のダイアログボックスで変数の値 3，試行回数 5，成功の確率 0.8 をキー入力後，OK をクリックすると，以下の出力ウィンドウのような結果が得られる．よって求める確率は 0.26272 である．②も同様である．

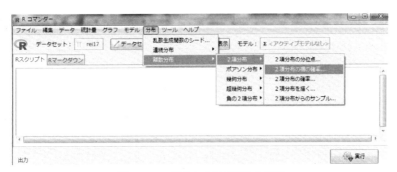

図 5.51　2項分布の裾の確率の指定

図 5.52　ダイアログボックス（2項確率 ①）

図 5.53　ダイアログボックス（2 項確率 ②）

（参考）図 5.53 のダイアログボックスで変数の値 3，試行回数 5，成功の確率 0.8 をキー入力後，上側確率にチェックをいれて OK をクリックすると，3 を除いて 4 以上である確率が得られる（以下のウィンドウの 3，4 行目）.

```
┌─ 出力ウィンドウ ─────────────────────────────────

> pbinom(c(3), size=5, prob=0.8, lower.tail=TRUE)
[1] 0.26272
> pbinom(c(3), size=5, prob=0.8, lower.tail=FALSE)
[1] 0.73728
```

　次に，(2)1)②について考える．X が 2 以上 4 以下のため，4 以下である確率から 1 以下である確率を引けばいいので，図 5.54 のように範囲を考える．そこで求める確率は，0.6656 である．

図 5.54　範囲の確率

　次に (2)2) について考える．図 5.55 のように【分布】▶【離散分布】▶【2 項分布】▶【2 項分布の確率...】と選択し，図 5.56 のダイアログボックスで，試行回数 7，成功の確率 0.4 をキー入力後，OK をクリックすると，対応した操作の出力とともに各目の出る確率が出力される．

図 5.55　2 項分布の確率の指定

図 5.56　ダイアログボックス（2 項確率 ③）

```
┌ 出力ウィンドウ ─────────────────

> local({
+   .Table <- data.frame(Probability=dbinom(0:7, size=7, prob=0.4))
+   rownames(.Table) <- 0:7
+   print(.Table)
+ })
  Probability
0   0.0279936
1   0.1306368
2   0.2612736
3   0.2903040
4   0.1935360
5   0.0774144
6   0.0172032
7   0.0016384
```

● 分位点

(3) ① 図 5.57 のように【分布】▶【離散分布】▶【2 項分布】▶【2 項分布の分位点...】と選択し，図 5.58 のダイアログボックスで，確率 0.01，試行回数 20，成功の確率 0.3 をキー入力後，OK をクリックすると，分位点 2 が出力される．

次に，(3)②について考える．【分布】▶【離散分布】▶【2 項分布】▶【2 項分布の分位点...】と選択し，図 5.59 のダイアログボックスで，確率 0.05，試行回数 20，成功の確率 0.3 をキー入力後，OK をクリックすると，分位点 3 が出力される（図 5.60）．③，④ も同様である．

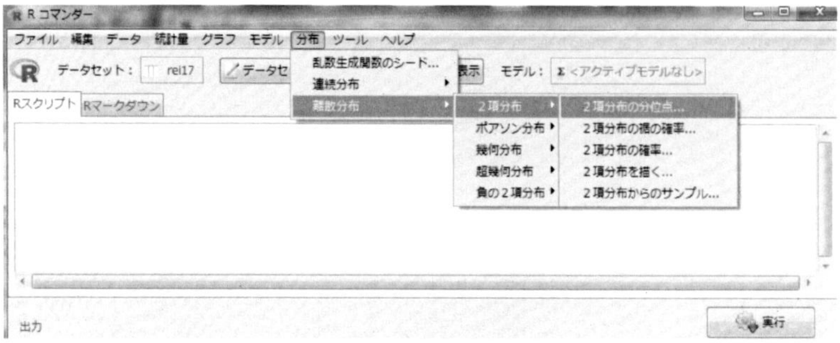

図 5.57　分位点の指定

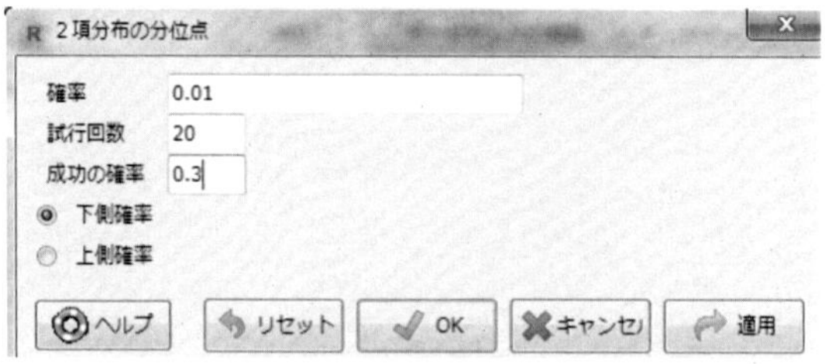

図 5.58　分位点指定のダイアログボックス ①

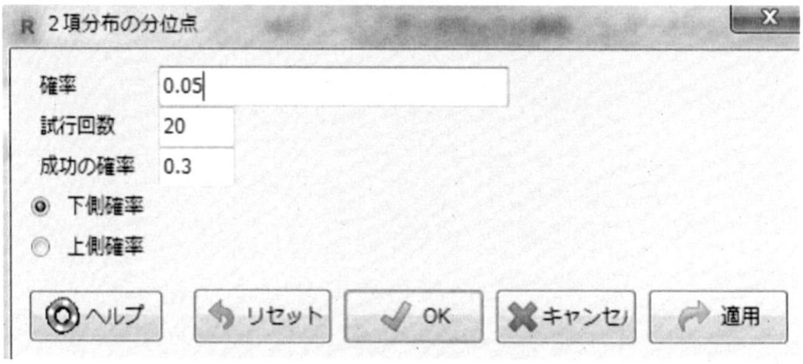

図 5.59　分位点指定のダイアログボックス ②

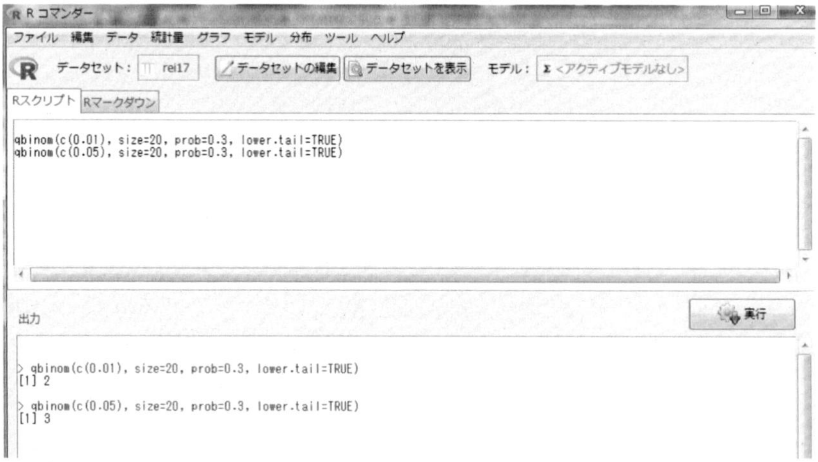

図 5.60　分位点を求める実行結果

148

> 出力ウィンドウ

```
> qbinom(c(0.01), size=20, prob=0.3, lower.tail=TRUE)
[1] 2
```

> 出力ウィンドウ

```
> qbinom(c(0.05), size=20, prob=0.3, lower.tail=TRUE)
[1] 3
```

　参考として，2 項分布，ポアソン分布の確率関数，分布関数をコマンド入力により描いてみよう．

> 出力ウィンドウ

```
#(参考)
#二項分布 (確率関数)
par(mfrow=c(1,2))
n=6;p=0.4
x<-0:n
plot(x,dbinom(x,n,p),type="h",ylim=c(0,1),xlab="x",ylab="p(x)")
points(x,dbinom(x,n,p),pch=16)
#二項分布 (分布関数)
x<-0:n
plot(c(-1,x),pbinom(c(-1,x),n,p),type="s",ylim=c(0,1),xlab="x",ylab="F(x)")
points(x,pbinom(x,n,p),pch=16)
points(x,pbinom(x-1,n,p),pch=21)
#ポアソン分布 (確率関数)
par(mfrow=c(1,2))
lambda=3
x<-0:10
plot(x,dpois(x,lambda),type="h",ylim=c(0,1),xlab="x",ylab="p(x)")
points(x,dpois(x,lambda),pch=16)
#ポアソン分布 (分布関数)
x<-0:10
plot(c(-1,x),ppois(c(-1,x),lambda),type="s",ylim=c(0,1),xlab="x",ylab="F(x)")
points(x,ppois(x,lambda),pch=16)
points(x,ppois(x-1,lambda),pch=21)
```

8.【ツール】

　R コマンダー とは関係のないパッケージをロードしたり（例えば，他のパッケージに付属するデータセットにアクセスする），R コマンダーのプラグインパッケージを起動したり，R コマ

149

ンダーのオプションを設定したり，オプションを保存したりするためのメニュー（図 5.61）．こうしたオプションは，後続のセッションで利用できる．オプションとして，補助的なソフトウェアをインストールすることもできる．

【ツール】をクリックして表示される機能は以下のとおりである．

- パッケージのロード
- オプション

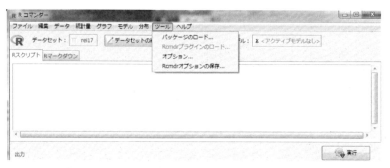

図 5.61 R コマンダーのメニューバーのツール選択画面

9.【ヘルプ】

R コマンダーの情報（このマニュアルを含む）や関連するソフトウェアの情報を得るためのメニュー．なお，ほとんどのメニュー項目ではダイアログボックスが表示され，各ダイアログボックスはヘルプボタンを持つ（図 5.62）．

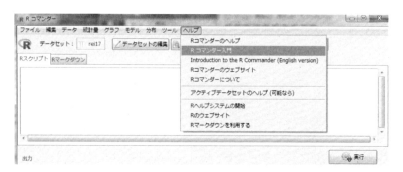

図 5.62 R コマンダーのメニューバーのヘルプ選択画面

【ヘルプ】をクリックして表示される機能は以下のとおりである．

- R コマンダーのヘルプ
- R コマンダー入門
- R コマンダーについて
- アクティブデータセットのヘルプ

5.2　Rコマンダーの利用

　この節では、具体的なデータについてRコマンダーを利用して解析してみよう．それによっ
て具体的な使用法と解釈について学習しよう．

例題 5-5

　表5.2はある大学の学生の統計学と情報科学の履修状況のデータである．各科目の度数分
布，クロス集計を求めよう．なお，0は選択しないことを表す．

表 5.2　履修状況のデータ

項目 No.	統計学	情報科学
1	選択	選択
2	選択	0
3	0	選択
4	0	0
5	選択	選択
6	0	選択
7	選択	選択
8	選択	0
9	0	選択

≪R(コマンダー) による解析 ≫

[予備解析]

手順1　データの読み込み（作成）

　以下のように, tokei, jyoho にデータを入力し，列方向でつなげて ankdata を作成する．

出力ウィンドウ

```
> tokei=c(rep("t",2),rep("0",2),"t","0",rep("t",2),"0")
> jyoho=c("j","0","j","0",rep("j",3),"0","j")
> ankdata=cbind(tokei,jyoho)
> ankdata
      tokei jyoho
 [1,] "t"   "j"
 [2,] "t"   "0"
 [3,] "0"   "j"
 [4,] "0"   "0"
 [5,] "t"   "j"
 [6,] "0"   "j"
 [7,] "t"   "j"
```

```
[8,] "t"    "0"
[9,] "0"    "j"
```

手順 2　基本統計量

summary() を使ってデータの要約を表示する．また，table を使用してデータの度数分布を求める．

―― 出力ウィンドウ ――

```
> summary(ankdata)    #要約
tokei jyoho
0:4   0:3
t:5   j:6
> table(tokei)    #度数分布
tokei
0 t
4 5
```

手順 3　グラフ化

barplot を用いて棒グラフを作成し，科目の選択状況を把握する．情報科学の選択者が統計学の選択者より 1 名多いようである．

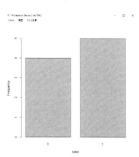

図 5.63　統計学の履修状況

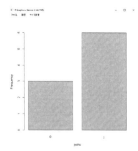

図 5.64　情報科学の履修状況

出力ウィンドウ

```
> barplot(table(tokei), xlab="tokei", ylab="Frequency")#図 5.63
> table(jyoho)    #度数分布
jyoho
0 j
3 6
> barplot(table(jyoho), xlab="jyoho", ylab="Frequency")   #図 5.64
> table(tokei,jyoho)   #クロス集計
      jyoho
tokei 0 j
    0 1 3
    t 2 3
```

手順 4　データフレーム化

　データフレーム化し，R コマンダーで読み込めるようにする．R コマンダーにアクティブデータセット (現在扱っているデータ) として取り込み，クロス集計する．

　このクロス集計から，情報科学のみ選択した学生は 3 名，統計学のみ選択した学生は 2 名，どちらの科目も選択した学生は 3 名でどちらも選択しなかった学生が 1 名いることが分かる．また，情報科学の選択と統計の選択において関連があるかを検討すると各科目の選択比率に差があまりないのでなさそうである．

出力ウィンドウ

```
> anketo<-data.frame(ankdata)     #データフレーム化
> anketo
  tokei jyoho
1     t     j
2     t     0
3     0     j
4     0     0
5     t     j
6     0     j
7     t     j
8     t     0
9     0     j
> summary(anketo)
 tokei jyoho
 0:4    0:3
 t:5    j:6
> attach(anketo)      #変数を単独で扱えるようにする
> jyoho
```

```
[1] "j" "o" "j" "o" "j" "j" "j" "o" "j"
```

[本解析]

　分割表の作成と独立性の検定

　クロス集計表（分割表）を作成するため，R コマンダーのメニューから図 5.65 のようにアクティブデータセットとして，anketo を選択し，[OK]をクリックする．図 5.66 のように，【統計量】▶【分割表】▶【2 元表...】を選択後，図 5.67 のように変数に tokei と jyoho を指定する．統計量の設定で図 5.68 のように何も指定せず，[OK]をクリックすると以下の結果（クロス集計）が出力される．

図 5.65　アクティブデータセットの指定

図 5.66　分割表の指定

━ 出力ウィンドウ ━

```
> local({
+    .Table <- xtabs(~tokei+jyoho, data=anketo)
+    cat("\nFrequency table:\n")
+    print(.Table)
+ })
Frequency table:
     jyoho
tokei 0 j
    0 1 3
    t 2 3
```

図 5.67　変数の指定

図 5.68　統計量の設定

5.2.1　確率分布

表 5.3　代表的な確率分布

関　数	確　率	下側確率	分位点	乱数
二項分布	dbinom()	pbinom()	qbinom()	rbinom()
ポアソン分布	dpois()	ppois()	qpois()	rpois()
一様分布	dunif()	punif()	qunif()	runif()
正規分布	dnorm()	pnorm()	qnorm()	rnorm()
χ^2 分布	dchisq()	pchisq()	qchisq()	rchisq()
t 分布	dt()	pt()	qt()	rt()
F 分布	df()	pf()	qf()	rf()

　正規分布の場合を代表として各項目を説明しよう（表5.3）.

　dnorm(x,mean,sd)：平均 mean，標準偏差 sd の正規分布の x における密度
→ pnorm(x,mean,sd)：x 以下の確率 → qnorm(p,mean,sd)：下側確率が p で　ある x 座標
→ rnorm(n,mean,sd)：平均 mean，標準偏差 sd の正規乱数を n 個生成する

　なお，乱数を生成する場合，その系列を指定するとき，set.seed(x)（乱数の系列を設定）を使用する.

　例えば set.seed(1) runif(100,0,1) を実行し，再度 set.seed(1) runif(100,0,1) を実行すれば，同じ乱数列が生成される．データからサンプルを抽出するために乱数を利用する方法を以下に見よう．1 から 6 の整数から，復元抽出で 10 個の数を取るには，sample(1:6,10,replace=TRUE)

と入力し実行する．なお非復元抽出の場合は sample(1:10,6) と入力し実行する．以下コメント
を見ながらサンプリングの仕方を考えてみてください．

出力ウィンドウ

```
#乱数の抽出
>sample(1:6,10,replace=TRUE) #1 から 6 の整数から，復元抽出で 10 個の数を取る
 [1] 3 1 4 4 4 5 1 3 3 5
>sample(1:10,6) #1 から 10 の整数から，非復元抽出で 6 個の数を取る
#デフォルトでは非復元抽出となる
 [1]  4  7  2  5 10  6
>sample(1:6,5,replace=TRUE,prob=c(1,2,3,0,0,0))#1 から 6 の整数から，
#復元抽出で 5 個の数を 1 から 6 を取る確率 (1/6,2/6,3/6,0,0,0) に基づいて取る
 [1] 3 3 3 3 2
> #正規乱数
> x<-rnorm(1000)
> hist(x,20,prob=TRUE,xlab=' 正規乱数',ylab=' 度数',main=' 正規乱数のヒストグラム') #図 5.69
+ lines(density(x))
> #二項乱数
> x<-rbinom(10,size=1,0.3)
> x
 [1] 0 0 0 0 0 1 0 1 1 1
> sum(x)
[1] 4
> #一様乱数の平均と標準偏差
> set.seed(1)
> options(digits=2)
> x<-runif(10)
> x
 [1] 0.266 0.372 0.573 0.908 0.202 0.898 0.945 0.661 0.629 0.062
> mean(x)
[1] 0.55
> sd(x)
[1] 0.32
> #正規乱数の平均と標準偏差
> y=rnorm(1000)
> mean(y)
[1] -0.011
> sd(y)
[1] 1
```

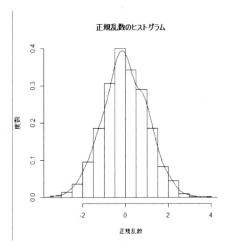

図 5.69　正規乱数のヒストグラム

5.2.2　統計的推測

　統計的推測とは，確率理論に基づいて，母集団の特性を示す母数などの推定を行ったり，あらかじめ立てられた仮説が正しいかどうかを検定したりすることをいう．本項では，(1) 統計的推定と (2) 統計的検定に分けて説明する．

① 統計的推定

統計的推定とは，標本から未知の母数を推測することをいう．

点推定と区間推定

　正規分布の（母）平均 μ，（母）分散 σ^2 のように分布を決めるような定数を分布の**母数**（パラメータ：parameter）という．そのため母数がわかれば分布がわかる．そして，その母数の推定 (estimation) には，ある一つの値で指定しようとする**点推定** (point estimation) と，母数をある区間でもって指定しようとする**区間推定** (interval estimation) がある（図 5.70 参照）．

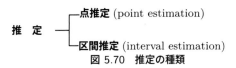

図 5.70　推定の種類

　つまり，区間推定では，ある区間 $[a, b]$ に母数が含まれるというように指定する．そして推定の良さの評価法にはいくつかの基準がある．θ（テータ，スイータ）の点推定量を $\hat{\theta}$（テータハット）と表すとき $b(\theta) = E(\hat{\theta}) - \theta$ を**かたより** (bias) と呼び，任意の θ について，$b(\theta) = 0$ のとき**不偏**(unbiased) であるという．推定量としては不偏で分散が小さいことが望ましい．良さの評価基準は他にもいろいろ考えられている．

(補 5-1) **一致性**（データ数 n が増えると，$\hat{\theta}$ が θ に一致していく），**有効性**（不偏な推定量で，分散がクラーメ

ル・ラオの不等式の下限を達成する場合），**十分性**（ある標本からの推定値 $\widehat{\theta}$ を得たとき，さらに同じ標本から同様に推定値を算出しても母集団に関する新たな情報が得られない場合），許容性，minimax 性などの良さの評価規準がある．また推定方法には，最尤法，モーメント法，最小 2 乗法などがある．◁

信頼区間

　サンプルから構成した母数 θ を含む区間の下限を**信頼下限**（下側信頼限界）といい，θ_L（テータエル）で表し，区間の上限を**信頼上限**（上側信頼限界）といい，θ_U（テータユー）とするとき，両者をあわせて**信頼限界** (confidence limits) という．そして区間 (θ_L, θ_U) を**信頼区間** (confidence interval) という．また母数 θ を区間が含む確率を**信頼率**（confidence coefficient：信頼係数，信頼確率，信頼度）という．信頼度は十分小さな $\alpha(0 < \alpha < 1)$ に対して，$1 - \alpha, 100(1 - \alpha)\%$ のように表し，通常 $\alpha = 0.05, 0.10$ のときに信頼区間が求められる．つまり，通常 $95\%, 90\%$ 信頼区間が求められる．

例題 5-6

　ある大学生の昼食代のデータ $X_1, \cdots, X_n$ が正規分布 $N(\mu, 50^2)$ に従っているとき，母平均 μ の点推定量，及び信頼係数 95% の信頼区間を構成せよ．また，ランダムに選んだ大学生 4 人に昼食代を聞いたところ，450，350，280，500（円）であった．このデータに関して，昼食代の母平均の点推定値，信頼係数 95% の信頼区間を求めよ．

[解]

手順 1　μ の点推定量 $\widehat{\mu}$ は $\widehat{\mu} = \overline{X}$ である．

手順 2　μ の信頼率 $1 - \alpha$ の信頼区間は，$X_1, \cdots, X_n$ が独立に同一の分布 $N(\mu, \sigma^2)$ に従うとき，それらの算術平均は平均 μ，分散 $\dfrac{\sigma^2}{n}$ の正規分布に従うので，$\overline{X} \sim N\left(\mu, \dfrac{\sigma^2}{n}\right)$ より

$$P\left(\left|\frac{\overline{X} - \mu}{\sqrt{\sigma^2/n}}\right| < u(\alpha)\right) = 1 - \alpha \tag{5.1}$$

なので，確率の中の不等式を μ について解くことにより $\overline{X} \pm u(\alpha)\sqrt{\dfrac{\sigma^2}{n}}$ で与えられる．

　次に，信頼係数 $95\% = 100(1 - \alpha)$ より $\alpha = 0.05$ だから $u(0.05) = 1.96$ であり，分散が $\sigma^2 = 50^2$ で既知より，

$$\overline{X} \pm 1.96\sqrt{\frac{50^2}{n}} = \overline{X} \pm \frac{98}{\sqrt{n}}$$

である．

　そして，実際のデータを代入することで

点推定値は，$\widehat{\mu} = \overline{X} = \dfrac{450 + 350 + 280 + 500}{4} = 395,$

95% 信頼区間は，$\overline{X} \pm 1.96\sqrt{\dfrac{50^2}{n}} = 395 \pm \dfrac{98}{\sqrt{4}} = 395 \pm 49 = 346 \sim 444$ と求まる．□

R では，データを x に x<-c(450,350,280,500) に代入し，平均を求め，区間幅を
haba<-qnorm(0.975)*50/sqrt(length(x)) で求め，下側信頼限界 sita を sita<-mean(x)-haba,
上側信頼限界を ue<-mean(x)+haba で求める．

出力ウィンドウ

```
> x<-c(450,350,280,500) # データ入力
> mean(x)
[1] 395
> (haba<-qnorm(0.975)*50/sqrt(length(x))) # 区間幅を求める
[1] 48.9991
> (sita<-mean(x)-haba);(ue<-mean(x)+haba) # 信頼限界を求める
[1] 346.0009
[1] 443.9991
```

ここで，R によってデータから信頼区間を構成する関数を作成すると以下のようになる．
なお，関数の名前を付けるにあたってここでは n1m.evk() としているが，順に n は正規分
布 (normal distribution)，1 は 1 母集団，m は平均 (mean)，e は推定 (estimation)，v は分散
(variance)，k は既知 (known) であることを示すように付けている．

1 標本での平均の推定関数（分散既知）　n1m.evk

```
n1m.evk=function(x,v0,conf.level){ # x:データ,v0:既知の分散
# conf.level：信頼係数（0 と 1 の間）
n=length(x);mx=mean(x)
alpha=1-conf.level
cl=100*conf.level
haba=qnorm(1-alpha/2)*sqrt(v0/n)
sita=mx-haba;ue=mx+haba
kai=c(mx,sita,ue)
names(kai)=c("点推定",paste((cl),"%下側信頼限界"),paste((cl),"%上側信頼限界"))
kai
}
```

この作成した関数を利用してデータを入力して実行した結果が以下となる．

出力ウィンドウ

```
> n1m.evk(x,50^2,0.95)
        点推定  95 %下側信頼限界  95 %上側信頼限界
     395.0000        346.0009         443.9991
```

例題 5-6 で信頼区間は $\left[\overline{X}-\dfrac{98}{\sqrt{n}},\overline{X}+\dfrac{98}{\sqrt{n}}\right]$ であるが，データ数 n が一定であれば $\overline{X}$ が変化

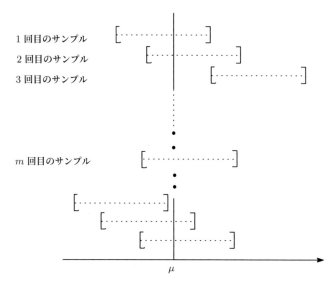

図 5.71　信頼区間

するのみなので，例えば n 個ずつ 100 回繰返しデータを取れば，図 5.71 のように母数 μ を 5 回ぐらいは含まないこともある．また n が大きいほど区間幅は狭くなり，信頼度をあげれば区間幅は広くなる．

演習 5-1　ある製品の製造工程からランダムに n 個の製品を抜き取り調べたところ，x 個が不良であったとき，不良率 p の点推定量を求めよ．

演習 5-2　通学時間のデータ $X_1, \cdots, X_n$ が $N(\mu, 4^2)$ の正規分布に従っているとき，これらのデータを用いて μ の点推定量及び信頼係数 90% の信頼区間を構成せよ．

演習 5-3　$N(60, 5^2)$ の正規乱数を 10 個ずつ 100 回生成し，毎回 95% 信頼区間を構成し，60 を何回含むか実行してみよ．

（参考）R による関数　演習 5-3 に対応して R で作成した関数が以下である．その実行結果が図 5.72 で，横の中心線が真の平均，100 回繰返し作成した信頼区間が縦の線分である．何本かの線分が中心線を含まない状況がうかがえるだろう．

```
─────── 1 標本での平均の信頼区間のシミュレーション関数（分散既知）n1m.evksm ───────

正規分布の 1 標本での平均に関する推定（分散既知）でのシミュレーション（simulation）
n1m.evksm=function(n,r,m,s,conf.level){ # n:発生乱数の個数
# r:繰返し数 m:平均 # s:標準偏差 conf.level:信頼係数
alpha=1-conf.level
kaisu=0;haba=qnorm(1-alpha/2)*sqrt(s^2/n)
ko=1:r
v<-matrix(c(0,0),nrow=2)
```

```
  mu.l<-c();mu.u<-c();ch<-c()
    for (i in 1:r ) {
     x=rnorm(n,m,s)
     mu.l[i]=mean(x)-haba; mu.u[i]=mean(x)+haba
     v<-cbind(v,c(mu.l[i],mu.u[i]))
     kai=0
     if ( (mu.l[i]<=m) && (m<=mu.u[i])){
      kai=1;ch[i]=""
     } else {
     kai=0;ch[i]="*"}
    kaisu=kaisu+kai
    cat("(",mu.l[i],mu.u[i],")",ch[i],"\n")
    }
ylim=range(c(mu.l,mu.u))
xlim=range(ko)
v<-v[,2:(r+1)]
plot(apply(v,2,mean),xlim=xlim,ylim=ylim,col="red")
abline(m,0,col=4)
#axis(side=1,pos=m,col="red",labels=F)
segments(1:r,mu.l,1:r,mu.u,lwd=2)
wari=kaisu/r*100
c("割合=",wari,"%")
}
```

　この作成した関数を利用して平均 60, 標準偏差 5 の正規乱数を 10 個ずつ生成し, 95% 信頼区間を構成することを繰り返し 100 回行ったときの信頼区間が 60 を含む回数を求めた結果が以下となる.

出力ウィンドウ

```
> n1m.evksm(10,100,60,5,0.95)
( 53.99953 60.19748 )
  ・・・
( 59.01872 65.21667 )
[1] "割合=" "94"     "%" # 図 5.72 が実行結果
```

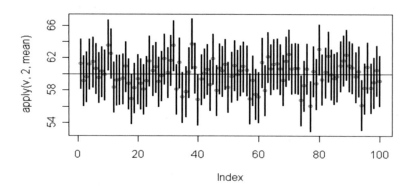

図 5.72 　 シミュレーションによる信頼区間

　なお，このような自作の関数をあるフォルダに保存しておいて，それを利用して計算等を実行する場合には，まずその関数を呼び出す必要がある．そこで，以下のような文を R スクリプトウィンドウに入力して実行しておいて，関数を実行する．ここでは n1mevksm.r という関数を利用したいとする．

```
> source("c:/R の関数/n1mevksm.r")
```

　これは C ドライブの R の関数というフォルダにある n1mevksm.r というファイル名の関数を利用する場合である．

② 統計的検定

　仮説を立てて，その真偽を判定する方法に（仮説）**検定** (test) がある．つまり，ある命題が成り立つか否かを判定することをいう．考えられる全体を仮説の対象と考え，まず成り立たないと思われる仮説を**帰無仮説** (null hypothesis) として立て，その残りを**対立仮説** (alternative hypothesis) とする．そして，帰無仮説が**棄却** (reject) されたら**採択** (accept) する仮説が対立仮説である．帰無仮説は**ゼロ仮説**ともいわれ，ここでは H_0（エイチゼロ）で表し，対立仮説を H_1（エイチワン）で表す．H_0 からみれば棄却するかどうか，H_1 からみれば採択するかどうかを判定するのである．そして判定のためのデータから計算される統計量を**検定統計量** (test statistics) という．

　間違いなく判定（判断）できればよいが，少なからず判定には以下のような二つの誤りがある．

　ある盗難事件があり，ある人物が犯人であると思われるとき，帰無仮説として「彼は犯人でない」という仮説をたて，対立仮説として「彼は犯人である」という仮説をたてた場合を考えよう．判定では，彼は犯人でないにもかかわらず，犯人であるとする誤り（帰無仮説が正しいにもかかわらず，帰無仮説を棄却する誤り）があり，これを**第 1 種の誤り** (type I error)，あわて者の誤り，生産者危険などという．そして，その確率を**有意水準** (significance level)，**危険率**または**検定のサイズ**といい，α（アルファ）で表す．必要な物で捨ててはいけない物をあわてて捨て

てしまうあわて者（アルファ α）の誤りである.

　さらに，犯人であるにもかかわらず犯人でないとする誤り（帰無仮説が間違っているにもかかわらず，棄却しない誤り）もあり，これを**第2種の誤り**（type II error），ぼんやり者の誤り，消費者危険などといい，その確率を β（ベータ）で表す. 捨てなければいけなかったのにぼんやり（ベータ β）してて捨てなかった誤りである. 図5.73を参照されたい. そして，犯人であるときは，ちゃんと犯人であるといえる（帰無仮説が間違っているときは，間違っているといえる）ことが必要で，その確率を**検出力**（power）といい，$1-\beta$ となる.

　二つの誤りがどちらも小さいことが望まれるが，普通，一方を小さくすると他方が大きくなる関係（トレード・オフ（trade-off）の関係）がある. そこで第1種の誤りの確率 α を普通5%，1%と小さく保ったもとで，できるだけ検出力の高い検定（判定）方式を与えることが望まれる. そして母数を横軸にとり，$1-\beta$ を縦軸方向に描いたものを**検出力曲線**（power curve）という.

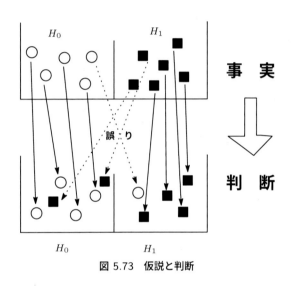

図 5.73 仮説と判断

(補 5-2) 　良さの基準から導かれた結果として（一様）最強力検定，不偏検定，不変検定などがある. ◁
　そして，検定における判定（判断）と真実（現実）との相違を一覧にすると，表5.4のようになる.

表 5.4 　検定における判定（判断）と正誤

正しい仮説 ＼ 判 定	H_0	H_1
H_0 を受容（H_1 を採択しない）　確率	○ 　$1-\alpha$	第2種の過誤（誤り）　β
H_0 を棄却（H_1 を採択）　確率	第1種の過誤（誤り）　α	○ 　$1-\beta$
確率計	1	1

　また，2種の誤りのいろいろな呼び方を表5.5にまとめておこう.

表 5.5　2 種の誤りの呼び方

2 種の誤り	第 1 種の誤り	第 2 種の誤り
呼び方	有意水準 危険率 検定のサイズ あわて者の誤り 生産者危険	ぼんやり者の誤り 消費者危険
確率	α	β

　ここで注意したいのは帰無仮説が棄却される場合は有意に棄却され，対立仮説が正しいことが高い確率でいえる．しかし**帰無仮説が棄却されないからといって，帰無仮説が正しいことはあまりいえない**．つまり有意水準 α で棄却されないだけであり，例えば，得点が 95 点以上なら大変良くできるとするとき，95 点を超えなくてもできないというわけではない．有意水準を小さくすればいくらでも帰無仮説を棄却しないようにでき，棄却できないからといって帰無仮説が正しいと強くいえるわけではない．

　実際コイン投げを 5 回行い，表がでるか裏がでるかを調べたところ，すべて表であったとする．（あるいは，ある家庭で子供が 5 人生まれたとして，男の子か女の子であるか調べたところ，すべて男であったとする，など．）このとき帰無仮説として，「このコインは表と裏のでる確率は 1/2 である」をたて，対立仮説として「1/2 でない」をたてる．すると，帰無仮説が成立するとしたもとで 5 回表である確率は $(1/2)^5 = 1/32 = 0.03125$ でかなり小さく，この帰無仮説は成り立たないのではないかと考えられる．そこで帰無仮説を棄却し対立仮説を採択する．同様にバスケットボールでシュートすると，成功する確率が 0.8 の人が 5 回シュートして 5 回とも外れるとすれば，その確率は $0.2^5 = 0.00032$ で非常に小さい．そこで，成功率が 0.8 という仮説はおかしいと考えるのである．

　そして，実際に検定するときの流れは大体，以下のようになる．

検定の手順（検定の 5 段階）

手順 1　前提条件のチェック（分布，モデルの確認など）

手順 2　仮説と有意水準（α）の設定

手順 3　棄却域の設定（検定方式の決定）

手順 4　検定統計量の計算

手順 5　判定と結論

　ここで簡単のため，分散が 1^2 である正規分布 $N(\mu, 1^2)$ の平均 μ に関して，有意水準 α（$0 < \alpha < 1$：十分小）に対し，帰無仮説 $H_0 : \mu = \mu_0$，対立仮説 $H_1 : \mu > \mu_0$ を考える．これを

$$\begin{cases} H_0 & : \quad \mu = \mu_0 \\ H_1 & : \quad \mu > \mu_0, \text{ 有意水準 } \quad \alpha \end{cases}$$

のように表すことにする．このときデータからの統計量 $T = \overline{X}$ に基づき

─────── 検定方式 ───────

$T > C \implies H_0$ を棄却

$T < C \implies H_0$ を棄却しない

$$\left(\text{ここで}\, \overline{X} \sim N\left(\mu, \left(\frac{1}{\sqrt{n}}\right)^2\right) \text{である.} \right)$$

とする検定方式をとる. また, 添え字に対応して $f_i(x)(= 0, 1)$ を各仮説のもとでの密度関数を表すとする.

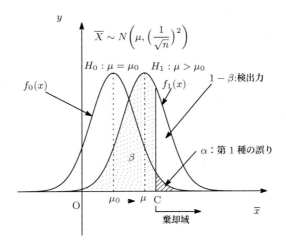

図 5.74　帰無仮説と対立仮説の分布

そこで棄却域は (C, ∞) となり, 図 5.74 のように帰無仮説のもとで H_0 を棄却する確率 α は

$$\alpha = P_{H_0}(T > C) = H_0\text{のもとで}\, T > C\, \text{である確率} = \int_C^\infty f_0(x)dx \tag{5.2}$$

であり, H_1 のもとで H_1 を採択しない (H_0 を棄却しない) 確率は

$$\beta = P_{H_1}(T < C) = \int_{-\infty}^C f_1(x)dx \tag{5.3}$$

となる. ここで C は境となる値で**臨界値** (critical value) といわれる. 実際に検定統計量の計算した値より大きい確率 (棄却され有意となる確率) を **P 値** (ピーチ) (**p 値**) (ピーチ) または**有意確率**という.

図 5.74 から $(\mu_0 <)\mu$ が大きくなると, 第 2 種の誤り β が小さくなる. つまり, 検出力 $1 - \beta$ が大きくなることがわかる. また n が大きくなると, 標準偏差 $1/\sqrt{n}$ が小さくなり, 帰無仮説と対立仮説がはっきりと分離され, 検出力があがる.

ここで対立仮説として $\mu \neq \mu_0$ のように棄却域が両側に設定される場合の検定は**両側検定** (two-sided test) といわれ, 上記の例のように棄却域を片側のみに設ける検定を**片側検定**

(one-sided test) という．また対立仮説が $\mu > \mu_0$ で，棄却域がある値より大きい領域となるとき，**右片側検定**といい，対立仮説が $\mu < \mu_0$ で，棄却域がある値より小さい領域となるとき，**左片側検定**という．

例題 5-7（離散分布での検定）

　バスケットボールで，1 回のシュートでゴールに入る確率が p である人が，5 回シュートしてゴールに入る回数を X とする．このとき，この人のシュートの成功率が 5 割あるかどうかを検定したい．そこで仮説と有意水準 α を以下のように設定し，検定する．

$$\begin{cases} H_0 & : \quad p = p_0 \quad (p_0 = 1/2) \\ H_1 & : \quad p < p_0, \ 有意水準 \ \alpha \end{cases}$$

　このとき以下の設問に答えよ．

(1) $X \leqq 1$ のとき，H_0 を棄却することにすれば α はいくらか．

(2) $p = 0.2,\ 0.4,\ 0.6,\ 0.8$ のとき，H_0 を棄却する確率（検出力 $1 - \beta$）をそれぞれ求めよ．

[解]

(1)

手順 1　分布のチェック．X は 2 項分布 $B(5, p)$ に従うと考えられる．

手順 2　帰無仮説のもとで棄却する確率（有意水準 α）を計算する．

$$\alpha = P_{H_0}(X \leqq 1) = P(X = 0) + P(X = 1)$$
$$= \binom{5}{0}(\frac{1}{2})^0(1 - \frac{1}{2})^{5-0} + \binom{5}{1}(\frac{1}{2})^1(1 - \frac{1}{2})^{5-1} = 6/2^5 = 0.1875$$

　帰無仮説（$p = 0.5$）のもとで帰無仮説を棄却する確率なので，R で有意水準を計算するには，pbinom()（表 5.3 より）を用いる．試行回数が 5 の二項分布で成功回数が 1 以下である確率なので，以下のようになる．

出力ウィンドウ

```
> (alpha<-pbinom(1,5,1/2))
[1] 0.1875
```

---

(2) 二項確率の漸化式を利用して，

$p = 0.2$ のとき，$1 - \beta = P(X \leqq 1 | p = 0.2) = \binom{5}{0}(0.2)^0(1 - 0.2)^{5-0} + \binom{5}{1}(0.2)^1(1 - 0.2)^{5-1}$
$= 2.25 \times 0.8^5 = 0.7373$

$p = 0.4$ のとき，$1 - \beta = P(X \leqq 1 | p = 0.4) = \binom{5}{0}(0.4)^0(1 - 0.4)^{5-0} + \binom{5}{1}(0.4)^1(1 - 0.4)^{5-1}$
$= \dfrac{13}{3} \times 0.6^5 = 0.3370$

$p = 0.6$ のとき, $1 - \beta = P(X \leqq 1 | p = 0.6) = \begin{pmatrix} 5 \\ 0 \end{pmatrix}(0.6)^0(1-0.6)^{5-0} + \begin{pmatrix} 5 \\ 1 \end{pmatrix}(0.6)^1(1-0.6)^{5-1}$
$= 8.5 \times 0.4^5 = 0.0870$

$p = 0.8$ のとき, $1 - \beta = P(X \leqq 1 | p = 0.8) = \begin{pmatrix} 5 \\ 0 \end{pmatrix}(0.8)^0(1-0.8)^{5-0} + \begin{pmatrix} 5 \\ 1 \end{pmatrix}(0.8)^1(1-0.8)^{5-1}$
$= 21 \times 0.2^5 = 0.0067$

R で検出力を計算するには,各 $p = 0.2, 0.4, 0.6, 0.8$ のとき帰無仮説を棄却する確率 power を計算すればよい.

この結果から検出力のグラフを描くと,図 5.75 のようになる.このように帰無仮説 ($p = 1/2$) から対立仮説により離れる ($p = 0$) の方に近くなると,検出力があがることが確認される.

以下のように R で各 p の値に対して,検出力を計算し,グラフ表示をしてみよう.

```
出力ウィンドウ

> (p<-(seq(2,8,2)/10))
# p に 0.2,0.4,0.6,0.8 を代入し表示する. p<-seq(0.2,0.8,0.2) でも可
[1] 0.2 0.4 0.6 0.8
> power<-pbinom(1,5,p)
# 各 p(=0.2 から 0.8) に対し,5 回の試行のうち生起回数 1 以下である確率を
# power に代入する
> power
[1] 0.73728 0.33696 0.08704 0.00672
> plot(p,power,main="検出力 (p=0.2,0.4,0.6,0.8)")
# 横軸に p,縦軸に検出力をとりグラフをプロットする.
```

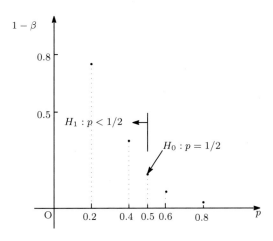

図 5.75　検出力 $(1 - \beta)$ のグラフ

(参考) もっと多くの点で検出力を計算し,グラフ表示する場合は以下のように入力して実行する.

```
┌─ 出力ウィンドウ ─────────────────────────
│
│ > p<-seq(0,1,length=100)
│ > power<-pbinom(1,5,p)
│ > plot(p,power,main="検出力 (p=0〜1)")
│
└─────────────────────────────────────
```

演習 5-4　1 回コインを投げて表が出る確率が p であるコインを 6 回投げて表がでた回数を X として，

$$\begin{cases} H_0 & : \quad p = p_0 \quad (p_0 = 1/2) \\ H_1 & : \quad p > p_0,\ 有意水準\ \alpha \end{cases}$$

を検定する場合，以下の設問に答えよ．

① $X > 4$ のとき H_0 を棄却することにすれば，有意水準 α はいくらか．

② $p = 0.2,\ 0.4,\ 0.6,\ 0.8$ のとき H_0 を棄却する確率をそれぞれ求めよ．

演習 5-5　サイコロを 30 回投げて，1 の目の出る回数を X とする．X が 1 以下または 9 以上の場合に 1 の目の出る確率が 1/6 であることを棄却するとき，有意水準はいくらか．

┌─ **例題 5-8**（連続分布での検定）──────────────────────
│
│　全国模試でランダムに選ばれた 40 人の数学の成績の平均点が 65 点であった．この模試での数学の成績は分散が 15^2 の正規分布に従っているとする．このとき，全国模試の平均点は 60 点であるといえるか．有意水準 5% で検定せよ．また P 値はいくらか．
│
└──

[解]

手順 1　前提条件のチェック（分布のチェック）

　文章から，模試の数学の成績 X は平均 μ，分散 15^2 の正規分布に従っている．

手順 2　仮説および有意水準の設定

$$\begin{cases} H_0 & : \quad \mu = \mu_0 \quad (\mu_0 = 60) \\ H_1 & : \quad \mu \neq \mu_0,\ 有意水準\ \alpha = 0.05 \end{cases}$$

これは，棄却域を両側にとる両側検定である．

手順 3　棄却域の設定（検定方式の決定）

$$R : |u_0| = \left| \frac{\bar{x} - \mu_0}{\sqrt{\sigma^2/n}} \right| > u(0.05) = 1.96$$

手順 4　検定統計量の計算

$$\bar{x} = 65\ より\ u_0 = \frac{\bar{x} - \mu_0}{\sqrt{\dfrac{\sigma^2}{n}}} = \frac{65 - 60}{\sqrt{\dfrac{15^2}{40}}} \fallingdotseq 2.11$$

手順 5　判定と結論

　$|u_0| = 2.11 > u(0.05) = 1.96$ から帰無仮説 H_0 は有意水準 5% で棄却される．つまり，平均

点は 60 点であるとはいえない.

また, 統計量 u_0 の絶対値が 2.11 以上である確率 (P 値) は

$$P(|u_0| \geq 2.11) \fallingdotseq 0.0174 \times 2 = 0.0348 \text{ である.}$$

この例題を R をつかって計算するとすれば, 以下のようになる. 検定統計量の値は, $u0 = (\overline{x} - \mu_0)/\sqrt{\sigma^2/n}$ より計算し, p 値は $2 \times (1 - \Phi(u0))$ から求まる. R では有効桁 7 桁で計算されるが, 前述の解答は小数点以下 4 桁での計算のため少しずれている.

```
出力ウィンドウ

> u0<-(65-60)/sqrt(15^2/40) # 検定統計量を計算し, u0 に代入
> u0
[1] 2.108185
> pti <- 2*(1-pnorm(u0)) # p 値を計算し, pti に代入
> pti
[1] 0.03501498
```

(補 5-3) 検定において, 仮説が 1 点のみからなる場合を単純仮説といい, 単純帰無仮説と単純対立仮説において, 最大の検出力を与える検定統計量は尤度比に基づくものであることが, ネイマン・ピアソンの基本補題で示されているので, 以後の検定統計量も尤度比に基づく統計量になっている.

演習 5-6 あるクラスの統計学の試験での得点は, 平均 μ, 分散 12^2 の正規分布 $N(\mu, 12^2)$ に従っているとする. このときランダムに n 人を選び, 得点 $x_1, \cdots, x_n$ から平均 $\overline{x}$ を計算して, 平均が 60 点あるかどうかを有意水準 α に対して検定する. なおクラス全体の平均点は 60 点以下であることはわかっているとする. このとき, 以下の設問に答えよ.

① 仮説を以下のように設定する.

$$\begin{cases} H_0 & : \quad \mu = \mu_0 \quad (\mu_0 = 60) \\ H_1 & : \quad \mu < \mu_0, \text{ 有意水準 } \alpha \end{cases}$$

そして $n = 9$ のとき, $\overline{x} < 55$ なら帰無仮説を棄却するとすれば有意水準 α はいくらか.

② ① のもと $(n = 9)$, $\mu = 40, 45, 50, 55, 60, 65$ での検出力 $(1 - \beta)$ を求めよ.

③ $\mu = 50$ での検出力が 98% 以上にするには, サンプル数 n をいくら以上にすればよいか.

演習 5-7 ある地方都市に下宿している学生の一か月の生活費が平均 μ, 分散 4 万円の正規分布に従っているとする. 実際にその都市の学生 7 人の生活費を調べたところ, 次のデータが得られた.

12.5, 13, 15, 14, 11, 16, 17 (万円)

① 生活費の平均が 15 万円と等しいかどうかを有意水準 5% で検定せよ.

② μ の信頼係数 90% の信頼区間を求めよ.

③ $\mu = 14$ のとき, この検定方式の検出力を求めよ.

この演習 5-7 の検出力を計算するための関数を以下に作成し，実行してみよう．

---

1 標本での平均に関する検定の検出力関数（分散：既知）n1m.tvkpw

```
# 正規分布の 1 標本の平均に関する検定（分散既知）での検出力（power）の関数
n1m.tvkpw=function(x,m,m0,v0,alpha){ # x:データ,m:平均,
# m0:帰無仮説の平均値,v0:既知の分散値,alpha:有意水準
n=length(x);mx=mean(x);ualpha=qnorm(1-alpha/2)
u0=(mx-m0)/sqrt(v0/n);d=(m-m0)/sqrt(v0/n)
power=pnorm(-ualpha-d)+1-pnorm(ualpha-d)
c(u0=u0,m=m,alpha=alpha,power=power)}
```

上記の関数を用いて検出力を以下に計算してみよう．

出力ウィンドウ

```
> x<-c(12.5,13,15,14,11,16,17)
> n1m.tvkpw(x,14,15,4,0.05)
          u0          m      alpha       power
-1.2283845 14.0000000  0.0500000  0.2625475
```

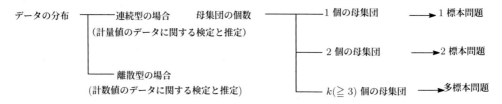

図 5.76　検定・推定での分類

　図 5.76 のようにデータの分布に応じての分類と，母集団の個数に応じた分類が考えられる．次節でその中のいくつかの具体的な例について R コマンダーを適用してみよう．

5.3　R コマンダーの利用例

　ここでは，一連の処理の流れ

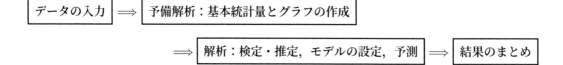

を考える．次の具体的な例に対して，R コマンダーを適用してみよう．

例題 5-9

表 5.6 は表 5.1 で示した各企業の連結財務データを基に算定した 3 つの財務指標を示している．

ROA（Return On Asset）は，企業に投下された総資産が利益獲得のためにどれほど効率的に利用されているかを示す財務指標である．

売上高営業利益率は，企業の本業の儲けである営業利益の売上高に対する割合であり，企業が本業でどのくらい効率的に儲けたかを示す財務指標である．

総資産回転率は，企業の保有する資産がどのくらい効率的に売上高を生み出したかを表す財務指標である．

表 5.6 で示している各企業の ROA を基に，以下の設問に答えよう．なお，ROA のデータは正規分布 $N(\mu, \sigma^2)$ に従っていると仮定する．

① ROA の平均値は 6.8% といえるか、有意水準 10% で検定しよう．

② ROA の信頼係数 95% の信頼区間（限界）を求めよう．

表 5.6 各企業の連結財務指標（2022 年 3 月期）

会社	ROA (%)	売上高営業利益率 (%)	総資産回転率 (回)
A	10.3	22.4	0.5
B	8.8	13.1	0.7
C	1.7	2.5	0.7
D	6.4	17.3	0.4
E	-0.6	-2.1	0.3
F	6.0	12.9	0.5
G	20.5	39.0	0.5
H	5.1	10.7	0.5
I	2.9	4.7	0.6

≪R(コマンダー) による解析 ≫

[予備解析]

手順 1 データの読み込み

作業ディレクトリをデータのあるフォルダ (例えば C：/WADAT/5syo) に変更しておいて，【データ】▶【データのインポート】▶【テキストファイルまたはクリップボード，URL から...】を選択し，図 5.77 のダイアログボックスで「データセット名を入力：」に rei59 を入力し，「フィールドの区切り記号で」カンマをチェックし，[OK] をクリックする．その後，図 5.78 のようにファイルのあるフォルダでファイルを指定し，[開く (O)] をクリックし，図 5.79 で

データセットを表示 をクリックすると，図 5.80 のようにデータが表示される．

図 5.77　ダイアログボックス

図 5.78　フォルダのファイル

図 5.79　データ表示の指定

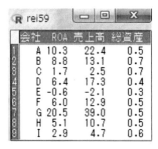

図 5.80　データの表示

ここまでの操作に対応して，以下が表示される．

```
出力ウィンドウ

> setwd(" C：/WADAT/5syo")
> rei59 <- read.table("rei59.csv", header=TRUE, sep=",",
 na.strings="NA",  dec=".", strip.white=TRUE)
> library(relimp, pos=4)
> rei59 <- read.table("C:/WADAT/5syo/rei59.csv", header=TRUE,
+    stringsAsFactors=TRUE, sep=",", na.strings="NA", dec=".",
+    strip.white=TRUE)
```

手順2　データの基本統計量の計算

メニューバーより【統計量】▶【要約】▶【アクティブデータセット】を選択し，[OK] をクリックすると次の出力結果が表示される．

```
出力ウィンドウ

> summary(rei59)
     会社        ROA             売上高            総資産
A    :1   Min.   :-0.600   Min.   :-2.10   Min.   :0.3000
B    :1   1st Qu.: 2.900   1st Qu.: 4.70   1st Qu.:0.5000
C    :1   Median : 6.000   Median :12.90   Median :0.5000
D    :1   Mean   : 6.789   Mean   :13.39   Mean   :0.5222
E    :1   3rd Qu.: 8.800   3rd Qu.:17.30   3rd Qu.:0.6000
F    :1   Max.   :20.500   Max.   :39.00   Max.   :0.7000
(Other):3
```

図 5.81　数値による要約ダイアログボックス

【統計量】▶【要約】▶【数値による要約...】を選択し，図5.81のダイアログボックスで，頻度数を除いてすべての項目にチェックを入れ，[OK] をクリックする．すると，次の出力結果が表示される．

出力ウィンドウ

```
> numSummary(rei59[,c("ROA", "総資産", "売上高"), drop=FALSE], statistics=c("mean",
+   "sd", "se(mean)", "IQR", "quantiles", "cv", "skewness", "kurtosis"),
+   quantiles=c(0,.25,.5,.75,1), type="2")
              mean        sd  se(mean)  IQR        cv  skewness  kurtosis    0%
ROA      6.7888889  6.1604473 2.05348244  5.9 0.9074309  1.3952183  2.755775 -0.6
総資産    0.5222222  0.1301708 0.04339028  0.1 0.2492633 -0.0827592 -0.189350  0.3
売上高   13.3888889 12.2165302 4.07217675 12.6 0.9124379  1.0496706  1.615038 -2.1
         25% 50%  75% 100% n
ROA      2.9 6.0  8.8 20.5 9
総資産    0.5 0.5  0.6  0.7 9
売上高    4.7 12.9 17.3 39.0 9
```

手順 3　データのグラフ化

図 5.82 のように【グラフ】▶【箱ひげ図】を選択後，図 5.83 のようにオプションでラベル等を入力後，OK をクリックする．すると図 5.84 のグラフが表示される．やや右に裾を引いた分布である (skewness が正であり，上側にサンプル番号 7 が見られる).

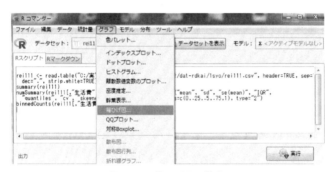

図 5.82　箱ひげ図の指定

図 5.83　箱ひげ図のオプション

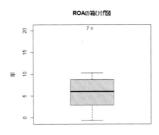

図 5.84　箱ひげ図

箱ひげ図を描く操作に関連して，以下が表示される．

```
出力ウィンドウ

> Boxplot( ~ ROA, data=rei59, id=list(method="y"), ylab="率", main="ROA の箱ひげ図")
[1] "7"#図 5.84
```

[本解析]，[検　定]

手順 1　データの構造式

$$X_i = \mu + \varepsilon_i, \varepsilon_i \overset{i.i.d}{\sim} N(0,\sigma^2)(\text{独立で同一分布 } N(0,\sigma^2) \text{ に従う})$$

手順 2　仮説と有意水準の設定

$$\begin{cases} H_0 & : \quad \mu = \mu_0 \quad (\mu_0 = 6.8) \\ H_1 & : \quad \mu < \mu_0, \text{ 有意水準 } \alpha = 0.10 \end{cases}$$

手順 3　棄却域の設定（検定方式の決定）

$$R : |t_0| = \left| \frac{\overline{x} - \mu_0}{\sqrt{V/n}} \right| > t(8, 0.10) = 1.860$$

手順 4　検定統計量の計算

$$\overline{x} = 6.789 \text{ より } u_0 = \frac{\overline{x} - \mu_0}{\sqrt{\dfrac{V}{n}}} = \frac{6.789 - 6.8}{\sqrt{\dfrac{37.951}{9}}} \fallingdotseq -0.00541$$

手順 5　判定と結論

$|t_0| = 0.00541 < t(8, 0.10) = 1.860$ から帰無仮説 H_0 は有意水準 10% で棄却されない．つまり，平均点は 6.8% でないとはいえない．

また，統計量 t_0 の絶対値が 0.00541 以上である確率（P 値）は

$$P(|t_0| \geqq 0.00541) \fallingdotseq 0.4979 \times 2 = 0.9958 \text{ である．}$$

この例題を R をつかって計算するとすれば，以下のようになる．

図 5.85 のように【統計量】▶【平均】▶【1 標本 t 検定 ...】を選択し，図 5.86 のダイアログボックスで，$\mu \neq \mu_0$ にチェックを入れ，$\mu_0 = 6.8$ をキー入力し，$\boxed{\text{OK}}$ をクリックする．する

と，次の出力結果が表示される．結果から，p 値が 0.9958 より，有意水準 5%，10% で 6.8% と異なるとはいえない．またその点推定値は 6.788889，信頼係数 95% の下側信頼限界は 2.05355 で，上側信頼限界は 11.52423 である．

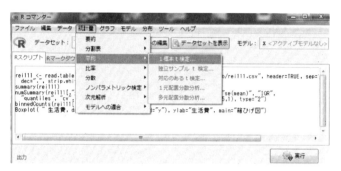

図 5.85　検定

図 5.86　検定のオプション

```
┌ 出力ウィンドウ ─────────────────────────────

> with(rei59, (t.test(ROA, alternative='two.sided', mu=6.8, conf.level=.95)))


One Sample t-test


data:  ROA
t = -0.0054109, df = 8, p-value = 0.9958 #t 値，自由度，p 値
alternative hypothesis: true mean is not equal to 6.8
95 percent confidence interval:
  2.05355 11.52423     #95 %下側信頼限界  上側信頼限界
sample estimates:
mean of x
 6.788889            #点推定値

```

[推　定]

検定により得られた結論に基づき，母数の推定を行う．帰無仮説が棄却されないため，μ が 6.8 と有意に異なるとは言えない．実際の μ はどれくらいであるかを推定する．

手順 1　データの構造式

$$X_i = \mu + \varepsilon_i, \varepsilon_i \sim N(0, \sigma^2)$$

手順 2　母平均の推定

$$\widehat{\mu} = \overline{X} = 6.788889$$

次に，区間推定を行う．

区間幅は，$haba = t(8, 0.10) * \sqrt{\dfrac{V}{n}} = 2.306 \times \sqrt{\dfrac{37.951}{9}} = 4.7353$

下側信頼限界は，$\overline{X} - haba = 2.0535$

上側信頼限界は，$\overline{X} + haba = 11.524$

以下は前述の検定の際の操作で出力される結果を分けて表示したものである．

―― 出力ウィンドウ ――

```
95 percent confidence interval:
 2.05355 11.52423
sample estimates:
mean of x
 6.788889
```

(参考) 直接入力の場合

―― 出力ウィンドウ ――

```
> x<-c(10.3,8.8,1.7,6.4,-0.6,6.0,20.5,5.1,2.9) #データ入力
> x #データの表示
[1] 10.3  8.8  1.7  6.4 -0.6  6.0 20.5  5.1  2.9
> summary(x) #データの基本統計量 (要約)
   Min. 1st Qu.  Median    Mean 3rd Qu.    Max.
 -0.600   2.900   6.000   6.789   8.800  20.500
> boxplot(x) # データのグラフ化
> n1m.tvu=function(x,m0,alt){ # x:データ m0:帰無仮説の平均
+   # alt:対立仮説 ("l":左片側 "r":右片側 "t":両側)
+   n=length(x);mx=mean(x);v=var(x)
+   t0=(mx-m0)/sqrt(v/n)
+   if (alt=="l") { pti=pt(t0,n-1)
+   } else if (alt=="r") {pti=1-pt(t0,n-1)}
+   else if (t0<0) {pti=2*pt(t0,n-1)}
+   else {pti=2*(1-pt(t0,n-1))}
+   }
```

177

```
+      c(t 値=t0,P 値=pti)
+    }
> n1m.tvu(x,6.8,"t")  #上記で定義された関数 n1m.tvu を実行
          t 値          P 値
 -0.005410862   0.995815273
```

例題 5-10

　表 5.7 は，医薬品メーカー各社の 2019 年 3 月期における売上高，営業利益，資産合計の連結データである．各金額について，表 5.1 のデータ（2022 年 3 月期）との違いがあるか検討しよう．

表 5.7　各企業の連結財務データ（2019 年 3 月期　単位：億円）

No. ＼ 項目	売上高	営業利益	資産合計
A	942	246	1560
B	1096	106	1590
C	342	15	469
D	1210	185	2873
E	723	62	2135
F	284	10	802
G	232	50	425
H	618	37	1104
I	1132	90	1730

≪R(コマンダー) による解析 ≫

[予備解析]

手順 1　データの読み込み

　図 5.87 のように，【データ】▶【データのインポート】▶【テキストファイルまたはクリップボード，URL から...】を選択し，図 5.88 のダイアログボックスで「データセット名を入力：」に rei510 を入力し，「フィールドの区切り記号」で「カンマ」をチェックし，OK をクリックする．その後，図 5.89 のようにファイルのあるフォルダでファイルを指定し，開く (O) をクリックし，図 5.90 で データセットを表示 をクリックすると，図 5.91 のようにデータが表示される．

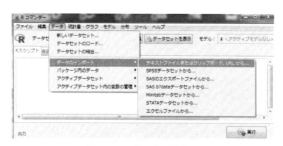

図 5.87　データの読込み

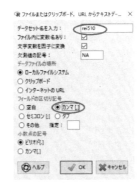

図 5.88　読み込み形式の指定

図 5.89　ファイルの指定

図 5.90　データの読み込み確認のための表示指定

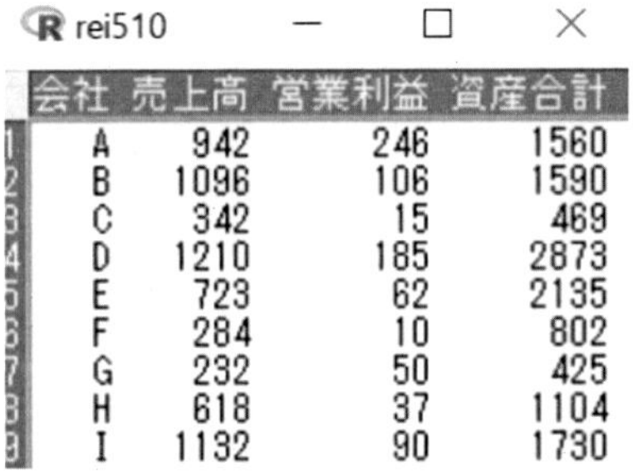

	会社	売上高	営業利益	資産合計
1	A	942	246	1560
2	B	1096	106	1590
3	C	342	15	469
4	D	1210	185	2873
5	E	723	62	2135
6	F	284	10	802
7	G	232	50	425
8	H	618	37	1104
9	I	1132	90	1730

図 5.91　データの表示

179

　また，データセットが読み込まれてアクティブデータセットになると，メッセージウィンドウにメモが表示される．さらに，relimp パッケージをロードするために library コマンドを実行するので，データセットが表示される．このように，一般に，パッケージは必要なときに自動的にロードされる．

　上記のデータを読み込むと，以下のようにデータを含む出力結果が表示される．なお，コマンド read.table は，R のデータフレームを作る．これは行をケース，列を変数とするためのものであり，表形式のデータセットのオブジェクトである．

```
┌─ 出力ウィンドウ ──────────────────────────────────────────

> rei510 <- read.table("C:/WADAT/5syo/rei510.csv", header=TRUE,
+    stringsAsFactors=TRUE, sep=",", na.strings="NA", dec=".", strip.white=TRUE)
> rei510    #データの出力ウィンドウでの表示
   会社  売上高  営業利益  資産合計
1    A     942      246      1560
2    B    1096      106      1590
3    C     342       15       469
4    D    1210      185      2873
5    E     723       62      2135
6    F     284       10       802
7    G     232       50       425
8    H     618       37      1104
9    I    1132       90      1730
```

手順 2　データの基本統計量の計算

(数値による要約)　図 5.92 のように，【統計量】▶【要約】▶【アクティブデータセット】により，以下の結果を表示することができる．データセット内の各数値変数に対して，最小値と最大値，第 1 四分位数，第 3 四分位数，メディアン，平均，欠測値の数を表示する．質的変数に対しては，因子の各水準でのデータ数が表示される．

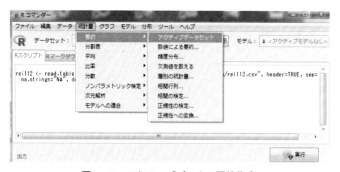

図 5.92　アクティブデータの要約指定

```
┌─ 出力ウィンドウ ──────────────────────────────────

> summary(rei510)
      会社       売上高       営業利益       資産合計
 A    :1   Min.   : 232   Min.   : 10   Min.   : 425
 B    :1   1st Qu.: 342   1st Qu.: 37   1st Qu.: 802
 C    :1   Median : 723   Median : 62   Median :1560
 D    :1   Mean   : 731   Mean   : 89   Mean   :1410
 E    :1   3rd Qu.:1096   3rd Qu.:106   3rd Qu.:1730
 F    :1   Max.   :1210   Max.   :246   Max.   :2873
 (Other):3
> numSummary(rei510[,c("営業利益", "資産合計", "売上高"), drop=FALSE],
+    statistics=c("mean", "sd", "se(mean)", "IQR", "quantiles", "cv", "skewness",
+    "kurtosis"), quantiles=c(0,.25,.5,.75,1), type="2")
            mean       sd se(mean) IQR        cv  skewness   kurtosis  0%
営業利益   89.000 79.70728 26.56909  69 0.8955874 1.1557427  0.5495285  10
資産合計 1409.778 801.74026 267.24675 928 0.5686997 0.4726244 -0.2008730 425
売上高    731.000 384.21218 128.07073 754 0.5255981 -0.1175070 -1.8276647 232
          25%   50%   75% 100% n
営業利益   37    62   106  246 9
資産合計  802  1560  1730 2873 9
売上高    342   723  1096 1210 9

└──────────────────────────────────────────────────
```

表 5.1 と表 5.7 は同じ会社の時期が違う時のデータなので，会社ごとに対応のあるデータである．ここでは，営業利益について差があるかどうかを検討しよう．他については各自やってみよう．まず例題 5-1 のデータを読み込み，summary により要約しておこう．

```
┌─ 出力ウィンドウ ──────────────────────────────────

> rei51 <- read.table("C:/WADAT/5syo/rei51.csv", header=TRUE,
+    stringsAsFactors=TRUE, sep=",", na.strings="NA", dec=".",
+    strip.white=TRUE)
> summary(rei51)
      会社       売上高        営業利益       資産合計
 A    :1   Min.   : 325.0   Min.   :-14   Min.   : 163
 B    :1   1st Qu.: 511.0   1st Qu.: 45   1st Qu.: 752
 C    :1   Median : 654.0   Median : 64   Median :1243
 D    :1   Mean   : 738.4   Mean   : 99   Mean   :1432
 E    :1   3rd Qu.:1055.0   3rd Qu.:171   3rd Qu.:1719
 F    :1   Max.   :1295.0   Max.   :224   Max.   :3510
 (Other):3
> numSummary(rei51[,c("営業利益", "資産合計", "売上高"), drop=FALSE],
           statistics=c("mean",

└──────────────────────────────────────────────────
```

```
+     "sd", "se(mean)", "IQR", "quantiles", "cv", "skewness", "kurtosis"),
+     quantiles=c(0,.25,.5,.75,1), type="2")
              mean          sd  se(mean) IQR        cv skewness   kurtosis  0%
営業利益    99.0000    86.90944  28.96981 126 0.8778731 0.2210862 -1.6487639 -14
資産合計 1431.7778 1033.70847 344.56949 967 0.7219755 0.9577150  0.8467397 163
売上高    738.4444   343.62775 114.54258 544 0.4653400 0.4242897 -1.1358963 325
            25%  50%  75% 100% n
営業利益   45   64  171  224 9
資産合計  752 1243 1719 3510 9
売上高    511  654 1055 1295 9
```

手順 3　データのグラフ化

　次に，年度による営業利益をデータとするデータフレームを作成しよう．以下のように比べたい年度の営業利益から，データフレーム eiridf を作成し，アクティブデータセットを eiridf に設定しておこう．

出力ウィンドウ

```
> x<-rei510$営業利益
> y<-rei51$営業利益
> no=seq(1:9)　#データの番号
> eiri=cbind(no,x,y)　#営業利益のデータの作成
> eiridf=data.frame(eiri) #データフレームに変換
> eiridf
  no   x   y
1  1 246 171
2  2 106 144
3  3  15   8
4  4 185 224
5  5  62 -14
6  6  10  45
7  7  50 199
8  8  37  64
9  9  90  50
> with(eiridf, lineplot(no, x, y))　#折れ線グラフの作成
```

　そして，会社ごとにグラフ化して対応のあるデータであることを確認しよう．そのため図5.93 のように，【統計量】▶【グラフ】▶【折れ線グラフ...】を選択し，図5.94 のように，変数として営業利益 (x と y) を指定し，図5.95 のように層別変数に A を指定して，OK をクリックすると以下の図5.96 のように折れ線グラフが表示される．このグラフより会社ごとにデータに対応があることが確認される．

182

図 5.93　折れ線グラフの指定

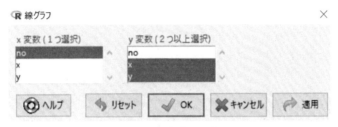

図 5.94　変数の指定

図 5.95　統計量の指定

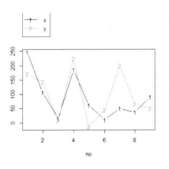

図 5.96　会社ごとの折れ線グラフの表示（対応のあるデータの確認）

　営業利益に年度により差があるかどうかを検定するために，図 5.97 のように【統計量】▶
【平均】▶【対応のある t 検定...】を選択し，図 5.98 のように変数を指定後，図 5.99 のように
オプションを設定して検定を行う．

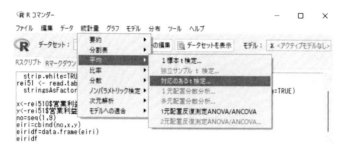

図 5.97　対応のある検定の選択

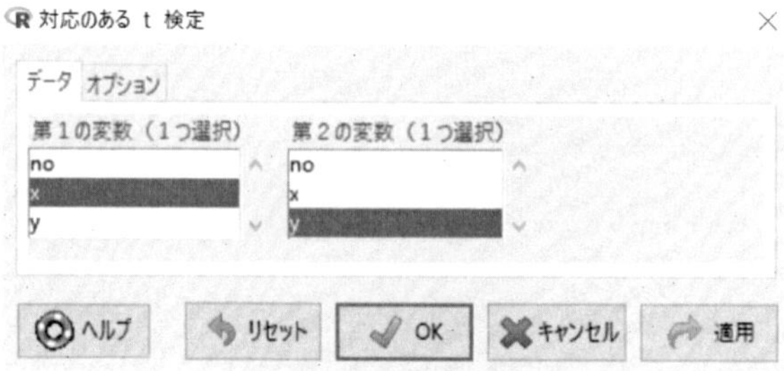

図 5.98　変数の指定

図 5.99　オプション

上記の操作からから以下の出力結果が得られる.

```
出力ウィンドウ

> with(eiridf, (t.test(x, y, alternative='less', conf.level=.95, paired=TRUE)))


Paired t-test

data:  x and y
t = -0.42819, df = 8, p-value = 0.3399
alternative hypothesis: true difference in means is less than 0
95 percent confidence interval:
     -Inf 33.42818
sample estimates:
mean of the differences
            -10
```

p 値が 0.3399 であるので，有意水準 10% で棄却されず，2019 年 3 月期と 2022 年 3 月期の営業利益が有意に違うとは言えない．また対立仮説が左片側 $H_1: \mu_1 - \mu_2 < 0$ なので，区間推定が $-\infty \sim 33.42818$ となっている．対立仮説を両側にして区間推定を行ってみるのもよい．また点推定値は，-10 である．

(補 5-4) アクティブデータセットについて， メニューにより数値による要約やグラフの作成を実行できる．R コマンダーのウィンドウの左上部にあるアクティブデータセット名を表示するフラットボタンをクリックして，現在メモリにあるデータセットのリストから選択することにより，アクティブデータセットを切り替えることができる．

5.3.1 予備解析：データの入力，要約（基本統計量，グラフ化) など

┌─ 例題 5-11 ──────────────────────
　表 5.8 はある大学の学生（自宅生と下宿生）の通学時間のデータである．通学時間に関して違いがあるか検討しよう．
└─────────────────────────────────

表 5.8　通学時間のデータ（単位：分）

No. ＼ 項目	自宅か下宿	通学時間（分）
1	自宅	25
2	自宅	60
3	自宅	30
4	自宅	90
5	自宅	50
6	下宿	10
7	下宿	5
8	下宿	8
9	下宿	6
10	下宿	12
11	下宿	14

　このデータをもとに，解析の流れを実際に行ってみよう．複数のデータセットがある場合，1 つのみを選択することができる．また，R コマンダーによるデータの入力方法には次のようなものがある．

● 直接入力することができる．データセット数が非常に少ないときは，これで十分である．
● URL によるインターネット，他の統計パッケージ（Minitab や SPSS, SAS, Stata）から，あるいは（Windows では），Excel または Access, dBase のデータをインポートすることができる．また，他のプラットフォームの Excel ファイルからデータを読み込むこともできる．
● R のパッケージに含まれるデータセットを読み込むことができる．その名前を知っている場

合はそれをキー入力するか，ダイアログボックスから選択する．

≪R(コマンダー) による解析 ≫

手順 0　データの読み込み

　R コマンダーのメニューから，図 5.100 のように【データ】 ► 【データのインポート】►
【テキストファイルまたはクリップボード，URL から… 】 を選択する．

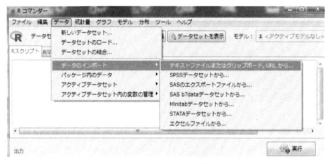

図 5.100　データの読込み

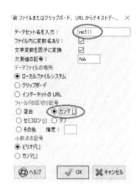

図 5.101　読み込み形式の指定

　この操作により，図 5.101 に示す「テキストファイルまたはクリップボード，URL からデータを読み込む」というダイアログボックスが表示される．データセット名は，大文字または小文字のアルファベット（またはピリオド. で始まり），以降，全てのアルファベット，アンダースコア（_），数字（0〜9）で構成される必要がある．特に，空白を用いることはできないことに注意する．また，R では大文字と小文字を区別する．

　テキストファイルからデータを読み込むダイアログで OK ボタンをクリックすると，図 5.102 に示すファイルを開くダイアログが表示される．ここでは，ファイルを探し，選択した状況を示している．ダイアログの 開く ボタンをクリックすると，データファイルが読み込まれる．データファイルが読み込まれると，それが R コマンダーのアクティブデータセットとなる．結果として，図 5.103 に示すように，読み込まれたデータセット名が R コマンダーのウィンドウの左上部にあるデータセットボタンに表示される．

図 5.102　ファイルの指定

図 5.103　データの読み込み確認のための表示指定

R コマンダーでは relimp パッケージをロードするために library コマンドを実行するので，データセットが表示される (図 5.104)．このように，一般に，パッケージは必要なときに自動的にロードされる．

図 5.104　データの表示

上記の操作で以下の出力が得られる．

```
出力ウィンドウ

> rei511 <- read.table("rei511.csv", header=TRUE,
+   sep=",", na.strings="NA", dec=".", strip.white=TRUE)
```

187

手順 1　基本統計量の計算

図 5.105 のように【統計量】▶【要約】▶【アクティブデータセット】を選択すると，アクティヴデータセットの要約が以下のように出力される．

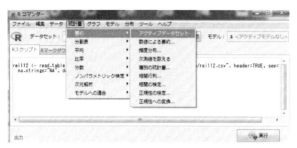

図 5.105　アクティブデータの要約指定

― 出力ウィンドウ ―

```
> summary(rei511)
       NO           A          通学時間
 Min.   : 1.0   下宿:6   Min.   : 5.00
 1st Qu.: 3.5   自宅:5   1st Qu.: 9.00
 Median : 6.0           Median :14.00
 Mean   : 6.0           Mean   :28.18
 3rd Qu.: 8.5           3rd Qu.:40.00
 Max.   :11.0           Max.   :90.00
> numSummary(rei511[,"通学時間", drop=FALSE], groups=rei511$A,
+   statistics=c("mean", "sd", "se(mean)", "IQR", "quantiles",
+   "cv", "skewness", "kurtosis"), quantiles=c(0,.25,.5,.75,1),
+   type="2")
          mean        sd  se(mean) IQR        cv  skewness
下宿   9.166667  3.488075  1.424001   5 0.3805173 0.2160001
自宅  51.000000 26.076810 11.661904  30 0.5113100 0.7803587
        kurtosis 0%  25% 50%  75% 100% 通学時間:n
下宿  -1.45265528  5  6.5   9 11.5   14          6
自宅   0.03270978 25 30.0  50 60.0   90          5
```

手順 2　グラフの作成

R コマンダーでグラフを作成することも簡単である．例えば，R コマンダーのメニューより，図 5.106 のように，【グラフ】▶【箱ひげ図...】を選択すると，箱ひげ図のダイアログボックスが表示される．データタブとオプションタブがあるので，オプションタブでラベルを図 5.107 のように入力し，データタブで 層別のプロット... をクリックして，図 5.108 のように層別変数に

A を指定し，図 5.109 のように変数として通学時間を指定して，$\boxed{\text{OK}}$ をクリックすると，図 5.110 に示す箱ひげ図が表示される．

図 5.106 箱ひげ図の指定

図 5.107 オプション

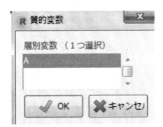

図 5.108 層別変数の指定

図 5.109 変数の指定

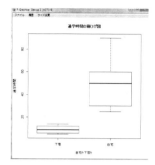

図 5.110　通学時間の箱ひげ図

5.3.2　本解析：検定・推定，統計モデルの設定など

　まず等分散かどうかの検定後，等分散と見なせる場合は t 検定，そうでない場合はウェルチの検定により平均値の差の検定を行う．

手順 1　等分散の検定

　図 5.111 のように，【統計量】▶【分散】▶【分散の比の F 検定...】を選択後，図 5.112 のように，【グループ】として【A】を選択し，【目的変数】として【通学時間】を選択し，図 5.113 のようにオプションで，【対立仮説】として【両側】にチェックを入れて OK をクリックすると以下の出力が得られる．出力結果より p 値が 0.0004877 と小さく，等分散とはみなせない．

```
── 出力ウィンドウ ──

> var.test(通学時間 ~ A, alternative='two.sided', conf.level=.95, data=rei510)


F test to compare two variances


data:   通学時間 by A
F = 0.017892, num df = 5, denom df = 4, p-value = 0.0004877
alternative hypothesis: true ratio of variances is not equal to 1
95 percent confidence interval:
 0.001910643 0.132185211
sample estimates:
ratio of variances
        0.01789216 #分散比の点推定値
```

手順 2　平均値の差の検定・推定

　手順 1 より等分散とみなせなかったため，ウェルチの検定により平均値の差の検定を行う．図 5.114 のように，【統計量】▶【平均】▶【独立サンプル t 検定...】の選択後，図 5.115 のように，「グループ」として「A」を選択し，「目的変数」として「通学時間」を選択し，図 5.116 のように，オプションで「対立仮説」の「両側」にチェックを入れて，「等分散と考えますか？」につ

いては，「No」にチェックを入れて OK をクリックすると以下の出力が得られる．

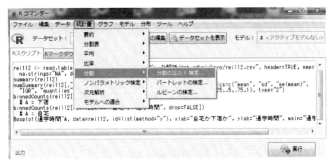

図 5.111　分散比の検定の指定

図 5.112　グループ，目的変数の指定

図 5.113　オプション

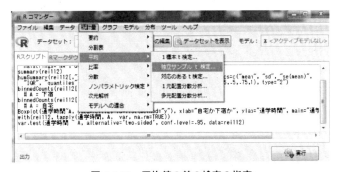

図 5.114　平均値の差の検定の指定

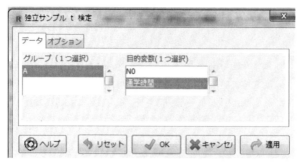

図 5.115　グループ，目的変数の指定

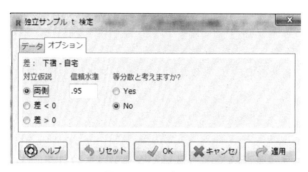

図 5.116　オプション

```
┌─ 出力ウィンドウ ──────────────────────────

> t.test(通学時間~A, alternative='two.sided', conf.level=.95, var.equal=FALSE,
+ data=rei510)


Welch Two Sample t-test


data:  通学時間 by A
t = -3.5607, df = 4.1194, p-value = 0.02244
alternative hypothesis: true difference in means is not equal to 0
95 percent confidence interval:
 -74.082840  -9.583826
sample estimates:
mean in group 下宿 mean in group 自宅
        9.166667          51.000000

```

　p 値が 0.02244 と小さく 5 ％では違いがあるといえる．また差の 95 ％信頼区間
は，-74.082840～ -9.583826 であり，点推定値はそれぞれ 9.166667,51.000000 である．

5.3.3 結果のまとめ

手順 1　レポートの作成（結果の報告）

デフォルトの設定では，R コマンダーは上部のウィンドウに R マークダウンタブを持つ．これは，セッションの間に生成されたコマンドを R マークダウンドキュメントに蓄積していくものである．R マークダウンに関する情報については，【ヘルプ】▶【R マークダウンの利用】を参照されたい．

手順 2　結果の保存

R コマンダーのファイルメニューより，テキストの出力を直接保存することができる．保存したい出力テキストやグラフをワープロ文書として保存しておくと便利である．

●出力ウィンドウからテキストをコピーするには，テキストの範囲をマウスで指定し，編集メニューからコピーを選択し（あるいは，[Ctrl]と[C]キーを押したり，ウィンドウ内で右クリックしてコンテクストメニューからコピーを選択したりする），【編集】▶【貼り付け】（または，[Ctrl]と[V]キーや，マウスの右クリックで貼り付け）により Word などの文書作成ソフトにテキストを貼り付ける（参照：図 5.117）．

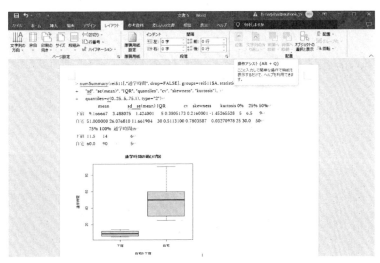

図 5.117　Word への貼り付け

●グラフをコピーするには，R のグラフィックスデバイスのメニューから【ファイル】▶【クリップボードにコピー】▶【メタファイルとして】を選択する．そして，【編集】▶【貼り付け】（または，[Ctrl]と[V]キーや，マウスの右クリックで貼り付け）により Word などの文書作成ソフトにグラフを貼り付ける．別の方法として，[Ctrl]と[W]キー により R のグラフィックスデバイスからグラフをコピーするか，グラフ上で右クリックし，表示されたコンテキストメニューより【メタファイルとして】を選択してもコピーすることができる．

　また，テキストやグラフを保存するための別の方法として，それぞれ，テキストは R コマンダーのファイルメニュー，グラフは【グラフ】▶【グラフをファイルに保存】を利用することもできる．R コマンダーのスクリプトタブを【ファイル】▶【スクリプトの保存】により保存しておくと，次回の作業で同じフォルダが指定され手助けとなる．

5.3.4　その他

① スクリプトタブにコマンドを入力する

　R スクリプトタブには，コマンドを編集・入力・実行するための機能があり，エディタと同じようにコマンドを入力したり編集したりすることができる．しかし，R コマンダーでは制限がある．

　例えば，複数行にわたるコマンドは，全て同時に実行されなければならない．R でプログラミングするときは，R の Windows や Mac OS X バージョンが提供するスクリプトエディタを利用するか，プログラミングエディタやインタラクティブな開発環境，例えば，RStudio（アールスタジオ）を用いるとよいだろう．

② R コマンダーのプラグインを利用する

　R コマンダーのプラグインは，R コマンダーに機能を追加する R のパッケージであり，R コマンダーにメニューやメニュー項目，関連するダイアログボックスを追加したり，既存のメニュー項目やダイアログを変更したり削除したりすることもある．現在，多くのプラグインが CRAN で利用可能であり，通常の方法（メニューバーのパッケージのインストール）で，ダウンロードおよびインストールすることができる．

　適切にプログラムされた R コマンダープラグインは R コマンダーの起動と同時に，あるいは，R コマンダーの【ツール】▶【Rcmdr プラグインのロード】より起動することができる．後者の場合，R コマンダーはプラグインをアクティベートするために再起動する．複数のプラグインを同時に利用することも可能であるが，互いにコンフリクト (衝突) を起こす可能性があるので注意されたい．例えば，あるプラグインが削除しようとするメニューに対して，そのメニュー項目を追加しようとするプラグインもある．

演習解答例

演習 5-1

$$\widehat{p} = \frac{x}{n}$$

演習 5-2

点推定量：$\widehat{\mu} = \overline{X}$

90% 信頼区間：$\overline{X} \pm u(\alpha)\sqrt{\dfrac{\sigma^2}{n}} = \overline{X} \pm u(0.10)\sqrt{\dfrac{4^2}{n}} = \overline{X} \pm 1.645\dfrac{4}{\sqrt{n}}$

演習 5-3

```
par(mfrow=c(1,1))
sinrai=function(n,r,m,s){ # n:発生乱数の個数 r:繰返し数 m:平均 s:標準偏差
kaisu=0;haba=qnorm(0.975)*sqrt(s^2/n)
ko=1:r
v<-matrix(c(0,0),nrow=2)
 mu.l<-c();mu.u<-c();ch<-c()
   for (i in 1:r ) {
    x=rnorm(n,m,s)
    mu.l[i]=mean(x)-haba; mu.u[i]=mean(x)+haba
    v<-cbind(v,c(mu.l[i],mu.u[i]))
    kai=0
    if ( (mu.l[i]<=m) && (m<=mu.u[i])){
     kai=1;ch[i]=""
    } else {
    kai=0;ch[i]="*"}
   kaisu=kaisu+kai
   cat("(",mu.l[i],mu.u[i],")",ch[i],"\n")
  }
ylim=range(c(mu.l,mu.u))
xlim=range(ko)
v<-v[,2:(r+1)]
plot(apply(v,2,mean),xlim=xlim,ylim=ylim,col="red")
abline(m,0,col=4)
#axis(side=1,pos=m,col="red",labels=F)
segments(1:r,mu.l,1:r,mu.u,lwd=2)
wari=kaisu/r*100
c("割合=",wari,"%")
}

> sinrai(10,100,60,5)
```

演習 5-4

$$\alpha = P(X > 4) = 1 - P(X \leqq 4)$$

```
# 1
> 1-pbinom(4,6,0.5)
[1] 0.109375
```

```
# 2
> p<-seq(0.2,0.8,0.2)
> 1-pbinom(4,6,p)
[1] 0.00160 0.04096 0.23328 0.65536
```

演習 5-5

$\alpha = P(X \leqq 1) + PX \geqq 9)$

┌─ 出力ウィンドウ ─

```
> pbinom(1,30,1/6)+1-pbinom(8,30,1/6)
[1] 0.0800546
```

演習 5-6

① $\alpha = P(\overline{X} \leqq 55) = P((\overline{X} - 60)/\sqrt{12^2/9} \leqq (55 - 60)/\sqrt{12^2/9})$

┌─ 出力ウィンドウ ─

```
> pnorm((55-60)/sqrt(12^2/9))
[1] 0.1056498
```

② $P(\overline{X} \leqq 55) = P((\overline{X} - \mu)/\sqrt{12^2/9} \leqq (55 - \mu)/\sqrt{12^2/9}) = P\left(U \leqq \dfrac{55 - \mu}{4}\right)$

┌─ 出力ウィンドウ ─

```
>m<-seq(40,65,5)
>u<-(55-m)/4
>power=pnorm(u)
> c(paste("平均",m,"検出力",power))
[1] "平均 40 検出力 0.9999115827148"      "平均 45 検出力 0.993790334674224"
[3] "平均 50 検出力 0.894350226333145"    "平均 55 検出力 0.5"
[5] "平均 60 検出力 0.105649773666855"    "平均 65 検出力 0.00620966532577613"
```

③ $P(\overline{X} \leqq 55) = P((\overline{X} - \mu)/\sqrt{12^2/n} \leqq (55 - \mu)/\sqrt{12^2/n}) = P\left(U \leqq \dfrac{\sqrt{n}(55 - \mu)}{12}\right) = 0.98,$

$\dfrac{\sqrt{n}(55 - 50)}{12} = \Phi^{-1}(0.98)$ より

┌─ 出力ウィンドウ ─

```
> n=qnorm(0.98)^2*12^2/5^2
> n
[1] 24.29502
```

演習 5-7

```
┌─ 出力ウィンドウ ─────────────────────────────────

# 1 正規分布の 1 標本で平均の検定で分散既知
n1m.tvk=function(x,m0,v0,alt){
 n=length(x);mx=mean(x)
 u0=(mx-m0)/sqrt(v0/n)
 if (alt=="l") { pti=pnorm(u0)
  } else if (alt=="r") {pti=1-pnorm(u0)}
  else if (u0<0) {pti=2*pnorm(u0)}
  else {pti=2*(1-pnorm(u0))
  }
  c(u 値=u0,P 値=pti)
}
> x<-c(12.5,13,15,14,11,16,17)
> n1m.tvk(x,15,4,"t")
          u 値          P 値
-1.2283845  0.2193026
# 2 正規分布の 1 標本で平均の推定で分散既知
n1m.evk=function(x,v0,conf.level){
n=length(x);mx=mean(x)
alpha=1-conf.level
cl=100*conf.level
haba=qnorm(1-alpha/2)*sqrt(v0/n)
sita=mx-haba;ue=mx+haba
result=c(mx,sita,ue)
names(result)=c("点推定",paste((cl),"%下側信頼限界"),paste((cl),"%上側信頼限界"))
result
}
> n1m.evk(x,4,0.90)
        点推定 90 %下側信頼限界 90 %上側信頼限界
        14.07143        12.82804        15.31482
```

$$③\ 1-\beta = P(|u_0|>u(\alpha)) = P\left(\left|\frac{\overline{x}-\mu_0}{\sqrt{\sigma_0^2/n}}\right|>u(\alpha)\right) = P\left(\left|\frac{\overline{x}-\mu+\mu-\mu_0}{\sqrt{\sigma_0^2/n}}\right|>u(\alpha)\right)$$

$$= P\left(\left|U+\frac{\sqrt{n}(\mu-\mu_0)}{\sigma_0}\right|>u(\alpha)\right) = P\left(U+\frac{\sqrt{n}(\mu-\mu_0)}{\sigma_0}<-u(\alpha)\right)$$

$$+P\left(U+\frac{\sqrt{n}(\mu-\mu_0)}{\sigma_0}>u(\alpha)\right) = \Phi^{-1}\left(-u(\alpha)-\frac{\sqrt{n}(\mu-\mu_0)}{\sigma_0}\right)+1-\Phi^{-1}\left(u(\alpha)-\frac{\sqrt{n}(\mu-\mu_0)}{\sigma_0}\right)$$

┌─ 出力ウィンドウ ─────────────────────────────────────

#正規分布の 1 標本での平均に関する検定の検出力関数（分散：既知）

```
n1m.pwvk=function(x,m,m0,v0,alpha,alt){
n=length(x);mx=mean(x)
d=(m-m0)/sqrt(v0/n)
u0=(mx-m0)/sqrt(v0/n)
if (alt=="l") { ualpha=qnorm(alpha);power=pnorm(ualpha-d)
  } else if (alt=="r") {ualpha=qnorm(1-alpha);power=1-pnorm(ualpha-d)}
  else {ualpha=qnorm(1-alpha/2);power=pnorm(-ualpha-d)+1-pnorm(ualpha-d)
  }
c(検定統計量=u0, 平均=m, 有意水準=alpha, 検出力=power)
}
> n1m.pwvk(x,14,15,4,0.05,"t")
検定統計量        平均    有意水準      検出力
-1.2283845 14.0000000  0.0500000  0.2625475
```

第**6**章

検出力の適用

ここでは，与えられたデータについて，検出力
計算（処理）を行うためにはどのようにすればい
いかを考えよう．また，一定の検出力を得るため
に必要なサンプル数を求めるにはどうするかにつ
いて学ぼう.

6.1　検出力の計算

　検出力（検定力）は帰無仮説が間違っているときに，ちゃんと間違っているといえる確率であり，高いことが望ましい．そこで，各仮説に応じて検出力が計算できれば，その高さに応じた対応を考えれば良い．検出力は，検定の有意水準，対立仮説 (検出したい仮説)，サンプルサイズによって変わる．ここでは以下の場合のいくつかの基本的な検定について，考えてみよう．

- 　1 標本の場合平均，比率
- 　2 標本の場合平均値の差，比率の差
- 　1 元配置分散分析
- 　分割表
- 　2 変量の相関に関する検定

① 1 標本の場合 (平均)

1)　検出力の計算

　まず 1 標本の場合について，検出力を計算することを考えよう．データが分散が未知の場合の正規分布の平均に関する検定を考える．

　R では power 関数を用いて検出力を具体的に計算する．対立仮説が $delta = (\mu - \mu_0)/sd = 5$，サンプル数 n を 20 とするときの検出力を求めてみよう．標準偏差は未知だが，10 として有意水準 0.05 の場合に，

　　　power.t.test(n=20,delta=5,sd=10,sig.level=0.05,type='one.sample',
　　　alternative='one.sided')

と入力して実行してみよう．以下の出力が得られる．なお，ここで delta はコーヘンの効用値で $(\mu - \mu_0)/sd$ である．

```
┌─ 出力ウィンドウ ─

 #1 標本の平均の検定に必要なサンプル数
 > power.t.test(n=20,delta=5,sd=10,sig.level=0.05,type='one.sample',
 +alternative='one.sided') #power?

     One-sample t test power calculation

              n = 20
          delta = 5
             sd = 10
      sig.level = 0.05
          power = 0.6951493 #計算される
```

```
    alternative = one.sided
```

すると上記のように，検出力は 0.6951493 と求められる．

2) 必要なサンプル数の計算

power 関数を用いて検出力を具体的に計算する．$delta = 5$ で検出力を 0.9 としたいとき，必要なサンプル数 n を求めよう．標準偏差は未知だが，10 として有意水準 0.05 の場合に，R で，

power.t.test(delta=5,sd=10,sig.level=0.05,power=0.9,type='one.sample',
alternative='one.sided')

と入力して実行してみよう．以下の出力が得られる．

出力ウィンドウ

```
> power.t.test(delta=5,sd=10,sig.level=0.05,power=0.9,type='one.sample',
+alternative='one.sided') #n?

    One-sample t test power calculation

              n = 35.65268 #計算される
          delta = 5
             sd = 10
      sig.level = 0.05
          power = 0.9
    alternative = one.sided
```

すると上記のように，必要なサンプル数は 35.65268 と求められる．そこで，$n = 36$ となる．

② 2 標本の場合（平均値の差）

1) 検出力の計算

2 標本で，2 つの母平均の差に関する検定をする場合，$delta = (\mu_1 - \mu_2)/sd = 5$ のとき，サンプル数がいずれも $n_1 = n_2 = 20$ 場合の検出力を求めよう．標準偏差を第 1 標本，第 2 標本のいずれも 10 として，R で，

power.t.test(n=20,delta=5,sd=10,sig.level=0.05,type='two.sample',
alternative='two.sided')

と入力して実行してみよう．

出力ウィンドウ

#2 標本の平均の差に関する検定の検出力

```
> power.t.test(n=20,delta=5,sd=10,sig.level=0.05,type='two.sample',
+ alternative='two.sided') #power?

     Two-sample t test power calculation

              n = 20
          delta = 5
             sd = 10
      sig.level = 0.05
          power = 0.3377084 #計算される
    alternative = two.sided

NOTE: n is number in *each* group
```

すると上記のように，検出力は 0.3377084 と求めれる．

2) 必要なサンプル数の計算

2 標本で，2 つの母平均の差に関する検定をする．$delta = (\mu_1 - \mu_2)/sd = 5$ で検出力を 0.9 としたいとき，必要なサンプル数 $n_1 = n_2 = n$ を求めよう．標準偏差は未知だが，10 として有意水準 0.05 の場合に，R で，

power.t.test(delta=5,sd=10,sig.level=0.05,power=0.9,type='two.sample',
alternative=+'two.sided')

と入力して実行してみよう．

┌─ 出力ウィンドウ ─────────────────

```
> power.t.test(delta=5,sd=10,sig.level=0.05,power=0.9,type='two.sample',
+ alternative='two.sided') #n?

     Two-sample t test power calculation

              n = 85.03129 #計算される
          delta = 5
             sd = 10
      sig.level = 0.05
          power = 0.9
    alternative = two.sided

NOTE: n is number in *each* group
```

すると上記のように，必要なサンプル数は 85.03129 と求められる．そこで，$n_1 = n_2 = 86$ と

なる.

③ データに対応がある場合の平均の差に関する検定

1) 検出力の計算

2標本で，2つの母平均の差に関する検定をする場合，$delta = (\mu_1 - \mu_2)/sd = 5$ でサンプル数がいずれも $n_1 = n_2 = 20$ 場合の検出力を求めよう．なお，標準偏差をいずれも10として，Rで，

power.t.test(n=20,delta=5,sd=10,sig.level=0.05,type='paired', alternative='two.sided')

と入力して実行してみよう.

出力ウィンドウ

```
#データに対応が有る場合
> power.t.test(n=20,delta=5,sd=10,sig.level=0.05,type='paired',
+ alternative='two.sided') #power?

    Paired t test power calculation

              n = 20
          delta = 5
             sd = 10
      sig.level = 0.05
          power = 0.5644829 #計算される
    alternative = two.sided

NOTE: n is number of *pairs*, sd is std.dev. of *differences* within pairs
```

すると上記のように，検出力は 0.5644829 と求められる.

2) 必要なサンプル数の計算

2標本で，2つの母平均の差に関する検定をする場合，$delta = (\mu_1 - \mu_2)/sd = 5$ で検出力を 0.9 としたいとき，必要なサンプル数 $n_1 = n_2 = n$ を求めよう．標準偏差は未知だが，10として有意水準 0.05 の場合に，Rで，

power.t.test(delta=5,sd=10,sig.level=0.05,power=0.9,type='paired', alternative='two.sided')

と入力して実行してみよう.

出力ウィンドウ

```
> power.t.test(delta=5,sd=10,sig.level=0.05,power=0.9,type='paired',
+ alternative='two.sided') #n?
```

```
      Paired t test power calculation

            n = 43.99552 #計算される
        delta = 5
           sd = 10
    sig.level = 0.05
        power = 0.9
  alternative = two.sided


NOTE: n is number of *pairs*, sd is std.dev. of *differences* within pairs
```

すると上記のように，必要なサンプル数は 43.99552 と求められる．そこで，$n_1 = n_2 = 44$ となる．

④ 2 標本の母比率の差に関する検定

1)　検出力の計算

第 1 群の母比率 p_1 が 0.2，第 2 群の母比率が 0.4，各群のサンプル数が $n_1 = n_2 = 40$ のとき，R で，

power.prop.test(n=40,p1=0.2,p2=0.4,sig.level=0.05, alternative='two.sided')

と入力して，検出力を求めよう．

出力ウィンドウ

```
#2 標本の比率の差に関する検定の検出力
> power.prop.test(n=40,p1=0.2,p2=0.4,sig.level=0.05, alternative='two.sided')
#power?

      Two-sample comparison of proportions power calculation

            n = 40
           p1 = 0.2
           p2 = 0.4
    sig.level = 0.05
        power = 0.4966627#計算される
  alternative = two.sided


NOTE: n is number in *each* group
```

すると上記のように，検出力は 0.4966627 と求められる．

2)　必要なサンプル数の計算

第 1 群の母比率 p_1 が 0.2，第 2 群の母比率が 0.4 であるとき，検出力を 0.9 とするには，各群のサンプル数 $n_1 = n_2 = n$ をいくらにしたらよいだろうか．R で

$$\text{power.prop.test(p1=0.2,p2=0.4,sig.level=0.05,power=0.9,alternative='two.sided')}$$

と入力して実行してみよう．

```
─ 出力ウィンドウ ─

> power.prop.test(p1=0.2,p2=0.4,sig.level=0.05,power=0.9,alternative='two.sided')

        Two-sample comparison of proportions power calculation

              n = 108.2355#計算される
             p1 = 0.2
             p2 = 0.4
      sig.level = 0.05
          power = 0.9
    alternative = two.sided

NOTE: n is number in *each* group
```

すると上記のように，必要なサンプル数は 108.2355 と求められる．そこで，$n_1 = n_2 = 109$ となる．

6.2 検出力の利用例（パッケージの活用）

検出力の視点から，サンプル数を決める方法がある．ここでは R の pwr パッケージを使用するが，基本的な使用方法については [A7] 里村 p.75-p.79 を参照されたい．まず，cohen.ES 関数を利用して，効果量を計算する．

＜書き方＞

cohen.ES(test="",size="")

- test="p"：1 標本の比率，"t"：平均値の差の検定，"r"：無相関の検定，"anov"：1 元配置分散分析（繰り返し数が同じ），"chisq"：カイ 2 乗検定，"f2"：線形モデル
- size="small"：効果量小，"medium"：効果量中，"large"：効果量大

power.p.test(h,sig.level,power)

h：効果量，　sig.level：有意水準，power：検出力

　具体的に値を与えて，与えないところが計算されて表示される．

① 1 標本の比率の検定に必要なサンプル数

　1 個の比率に関する検定で，コーヘンの効果量が 0.2 であり，検出力が 0.9 であるために必要なサンプル数を求めよう．

```
出力ウィンドウ

#1 標本の比率の検定に必要なサンプル数
>library(pwr) #ライブラリ pwr の利用
> cohen.ES(test="p",size="small")

     Conventional effect size from Cohen (1982)

            test = p
            size = small
     effect.size = 0.2
> h<-cohen.ES(test="p",size="small")$effect.size
#cohen の効果量を計算する
> h
[1] 0.2
> pwr.p.test(h=h,sig.level=0.05,power=0.9)
#上で計算した効果量を利用する。
  #n：サンプル数以外が与えられる.

     proportion power calculation for binomial
         distribution (arcsine transformation)

            h = 0.2
            n = 262.6855 #サンプル数
     sig.level = 0.05
         power = 0.9
   alternative = two.sided
```

すると上記のように，必要なサンプル数は $n = 263$ と求められる．

② 1 標本の平均値の検定に必要なサンプル数

　平均値の検定でコーヘンの効果量が d で，検出力が 0.8 であるために必要なサンプル数を求めよう．

```
出力ウィンドウ

#平均値の検定に必要なサンプル数
> library(pwr) #ライブラリ pwr の利用
> d<-cohen.ES(test="t",size="large")$effect.size
> d
[1] 0.8
> pwr.t.test(d=d,n=NULL,sig.level=0.05,power=0.8,
+ type="one.sample",alternative="two.sided")
#n：サンプル数以外が与えられる.
```

```
      One-sample t test power calculation
              n = 14.3
              d = 0.8
      sig.level = 0.05
          power = 0.8
    alternative = two.sided
```

すると上記のように，必要なサンプル数は $n = 15$ と求められる.

③ 2 標本の平均の差に関する検定に必要なサンプル数

1 群と 2 群のサンプル数が同じとき，平均値の差の検定でコーヘンの効果量が d で，検出力が 0.8 であるために必要なサンプル数を求めよう.

出力ウィンドウ

```
#平均値の差の検定に必要なサンプル数
> pwr.t.test(d=d,n=NULL,sig.level=0.05,power=0.8,
    type="two.sample",alternative="two.sided")
#n：サンプル数以外が与えられる.
      Two-sample t test power calculation
              n = 25.52458
              d = 0.8
      sig.level = 0.05
          power = 0.8
    alternative = two.sided
NOTE: n is number in *each* group
```

すると上記のように，必要なサンプル数は $n_1 = n_2 = 26$ と求められる.

④ カイ 2 乗検定で必要なサンプル数

分割表における独立性の検定でコーヘンの効果量が 0.3 で，検出力が 0.8 であるために必要なサンプル数を求めよう.

出力ウィンドウ

```
#カイ 2 乗検定で必要なサンプル数
> library(pwr) #ライブラリ pwr の利用
> w<-cohen.ES(test="chisq",size="medium")$effect.size
> w
[1] 0.3
> pwr.chisq.test(w=w,df=(4-1)*(3-1),sig.level=0.05
+,power=0.8)#N：サンプル数以外が与えられる.
    Chi squared power calculation
              w = 0.3
```

```
            N = 151.381
           df = 6
    sig.level = 0.05
        power = 0.8
NOTE: N is the number of observations
```

すると上記のように，必要なサンプル数は N = 152 と求められる．

⑤ 1 元配置分散分析で必要なサンプル数

1 元配置分散分析で，水準が 4，コーヘンの効果量が 0.4 で，検出力が 0.8 であるには，必要なサンプル数 n はいくらかを求めよう．

出力ウィンドウ

```
#1 元配置分散分析で必要なサンプル数
> f<-cohen.ES(test="anov",size="large")$effect.size
> f
[1] 0.4
> pwr.anova.test(f=f,k=4,,sig.level=0.05,power=0.8)
#n：サンプル数以外が与えられる．
     Balanced one-way analysis of variance power
       calculation
             k = 4
             n = 18
             f = 0.4
     sig.level = 0.05
         power = 0.8
NOTE: n is number in each group
```

すると上記のように，必要なサンプル数は 18 と求められる．

⑥ 相関係数に関する検定

2 変量間の相関係数が 0.5，両側検定で $n = 20$ のとき，R で

pwr.r.test(r=0.5,power=0.8,sig.level=0.05,alternative='two.sided')

と入力して検出力を求めよう．

出力ウィンドウ

```
> pwr.r.test(r=0.5,n=20,sig.level=0.05,alternative='two.sided')

    approximate correlation power calculation (arctangh transformation)

             n = 20
```

```
            r = 0.5
    sig.level = 0.05
        power = 0.6378746
  alternative = two.sided
```

すると上記のように，検出力は 0.6378746 と求められる．

⑦ 相関係数に関する検定で必要なサンプル数

2 変量間の相関係数が 0.5 のとき，両側検定で検出力が 0.8 となるのに必要なサンプル数 n を，R で

pwr.r.test(r=0.5,power=0.8,sig.level=0.05,alternative='two.sided')

と入力して求めよう．

```
┌ 出力ウィンドウ ─────────────────────────
│
│ > pwr.r.test(r=0.5,power=0.8,sig.level=0.05,alternative='two.sided')
│
│     approximate correlation power calculation (arctangh transformation)
│
│             n = 28.24841
│             r = 0.5
│     sig.level = 0.05
│         power = 0.8
│   alternative = two.sided
│
```

すると上記のように，必要なサンプル数は 29 と求められる．

⑧ 分割表における独立性の検定における検出力

2×3 の分割表において独立性の検定を行うとき，効果量 w=0.289 のとき検出力はいくらになるかを，R で

pwr.chisq.test(w=0.289,df=(2-1)*(3-1),N=100,sig.level=0.05)

と入力して求めよう．

```
┌ 出力ウィンドウ ─────────────────────────
│
│ #分割表における独立性の検定における検出力
│ > pwr.chisq.test(w=0.289,df=(2-1)*(3-1),N=100,sig.level=0.05)
│
│     Chi squared power calculation
│
│             w = 0.289
│             N = 100
│            df = 2
```

```
        sig.level = 0.05
            power = 0.7372685


 NOTE: N is the number of observations
```

すると上記のように，検出力は 0.7372685 と求められる．

⑨ 分割表における独立性の検定における検出力を得るための必要なデータ数

3×4 の分割表において独立性の検定を行うとき，効果量 w=0.1，検出力=0.8 となるのに必要なサンプル数 N を，R で

pwr.chisq.test(w=0.1,df=(3-1)*(4-1),power=0.80,sig.level=0.05)

と入力して求めよう．

＿ 出力ウィンドウ ＿＿＿＿＿＿＿

```
#分割表における独立性の検定における検出力を得るための必要なデータ数
> pwr.chisq.test(w=0.1,df=(3-1)*(4-1),power=0.80,sig.level=0.05)


     Chi squared power calculation


              w = 0.1
              N = 1362.429
             df = 6
     sig.level = 0.05
         power = 0.8


 NOTE: N is the number of observations
```

すると上記のように，必要なサンプル数は 1362.429 と求められる．そこで，$N = 1363$ となる．

6.3　シミュレーションによる検出力の計算

　対立仮説の下で従う乱数を用いて，帰無仮説が棄却される確率を求めることで，検出力を近似的に求めることができる．以下で具体的に求めてみよう．

　平均 15, 標準偏差 1 の正規乱数を 10 個生成し，それを表示し，実際にそれら 10 個のデータの平均，分散，標準偏差を計算してみる．次にそれらのデータが正規分布に従っているかどうかをシャピロ・ウィルクの検定の検定を行ってみる．すると p 値が 0.7775 と，大きく従わないとは言えない結果となった．

　データが平均 17, 分散 1 の正規乱数を 1 万個生成したとき，普通の t 検定で帰無仮説が棄却される割合 (確率) は，0.9197 であったが，pwr 関数で求めてみると 0.897517 であった．

┌─ 出力ウィンドウ ───┐

```
#正規乱数の生成（平均 15，標準偏差 1）
> x<-15+rnorm(10)
> x
 [1] 15.44899 16.08561 15.88124 13.59227 13.07628 15.45604 17.26936 14.44609
 [9] 15.95923 14.10235
 #基本的な統計量
> mean(x);var(x);sd(x)
[1] 15.13175
[1] 1.672912
[1] 1.293411
#正規性のチェック
> shapiro.test(x) #シャピロ・ウィルクの検定
Shapiro-Wilk normality test
data:  x
W = 0.95927, p-value = 0.7775
> qqnorm(x)   #図 6.1（QQ プロット）
> t.test(x, alt='two.sided', mu=15, conf.level=.95) #平均に関する t 検定
One Sample t-test
data:  x
t = 0.32211, df = 9, p-value = 0.7547
alternative hypothesis: true mean is not equal to 15
95 percent confidence interval:
 14.2065 16.0570
sample estimates:
mean of x
 15.13175
#検出力の計算
> kai=0
> for (i in 1:10000){
+   x<-17+rnorm(10)
+   V=var(x)
+   t0=(x-15)/sqrt(V/10)
+   if (abs(t0)>1.96) kai=kai+1} #(1.96=u(0.05))
> kai/10000
[1] 0.9179
> library(pwr) #ライブラリ pwr の利用
> pwr.t.test(n=10,d=1,sig.level=0.05,power=NULL,type="one.sample", alt="greater")
     One-sample t test power calculation
             n = 10
             d = 1
      sig.level = 0.05
```

└──┘

```
          power = 0.897517
    alternative = greater
> # alt="less" または alt="two.sided"
```

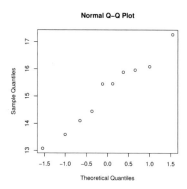

図 6.1　QQ プロット

RStudioの利用

メニュー方式でデータの解析を行う RStudio
について考える．RStudio は R を使用するた
めの IDE（統合開発環境）のことである．R の
IDE のデファクトスタンダードで，大変高機能
である．RStudio には R を便利に使うための
機能が豊富に用意されている．また，RStudio
は主に 4 つの部分 (pane) に分かれていて，同
一画面で同時に分けた 4 区画に情報を表示する．

A.1　RStudio とは

　RStudio は R を使うための開発環境（プログラミングをするためのアプリ）であり，4 つの区画で構成されている．それぞれの区画の機能は以下のとおりである．

左上：Source EditorR のスクリプトやファイルなどを編集する場所である．ここで各種ファイルを開き，コードを編集して保存したり，そのコードを実行する．ここでコードを実行すると，その内容が Console へ順次送られて実行される．通常，ここで R スクリプトファイル（*.R）を作成し，それを実行して作業をしていく．

左下：ConsoleR を対話的に操作するところ．コマンドを記述して実行する．R に対して実行命令を指示し，その結果もまたここに出力される．

右上：Environment, History など．Environment：R の環境を表示する．「現在 R で読み込んだり作ったりしてるデータや変数といったものが見られる」ところである．History：Console で実行した内容の履歴を表す．ここから再度 Console に送ったり，Script に送ったりすることもできる．

右下：File, Plots, Packages, Help など．File：ディレクトリ（フォルダ）にアクセスする．各ファイルをクリックするとその場で開くことができる．また名前の変更やディレクトリ作成などもできる．Plots：グラフなどを出力すると，ここに表示される．ある程度遡ることができ，ここから画像などにエクスポートすることもできる．Packages：R の拡張パッケージを管理できる．Help：ヘルプウィンドウで，R の関数などを検索したり，その組み込みのヘルプを閲覧することができる．ただあまりここから検索することは少なく，Console で?help というようにしてヘルプを表示させるのが普通である．

A.2　RStudio のインストール

　次の URL にアクセスすると図 A.1 のようなトップページが現れる．RStudio（アールスタジオ）のダウンロードをクリックすると図 A.2 のようなダウンロードページが表示される．

https:www.rstudio.com(/products/Rstudio/)

　Desktop 版と Server 版があるがここでは Desktop 版を選び，さらにオープンソース版と有料版があるが，ここではオープンソース版を選択する．free のところをクリックし，図 A.3 のインストーラをダウンロードする．ダウンロードしたインストーラをダブルクリックして起動し，図 A.4 の開始画面が現れたら，次へ (N) をクリックする．図 A.5 でインストール先をそのままとして 次へ (N) をクリック，図 A.6 で インストール をクリックする．しばらくして，図 A.7 が現れたら，完了 (F) をクリックする．

図 A.1　RStudio のトップページ

図 A.2　RStudio のダウンロードページ

図 A.3　RStudio のインストーラのダウンロード

図 A.4   RStudio のインストールガイド

図 A.5   RStudio のインストール先の指定

図 A.6   RStudio のスタート

図 A.7   RStudio のセットアップ完了

A.3   RStudio の使い方

ここでは，RStudio の基本的な使用方法について説明する．

① 起動と終了

●RStudio を起動する

　図 A.8 のように，フォルダ「Program Files」＞「RStudio」＞「bin」のファイル rstudio をダブルクリックすると RStudio が起動する．rstudio をデスクトップ上にコピーしておけば，次回から画面上のアイコンをクリックして起動できる．

図 A.8　RStudio の起動

●終了する

　画面右上の閉じるボタン ☒ をクリックして，終了する．

② スクリプトの作成

　R Script を新規で作成するには，図 A.9 のように，【File】▶【New File】▶【RScript】をクリックし，図 A.10 のような画面となる．

図 A.9　RStudio の画面設定

図 A.10　RStudio の入力画面

③ スクリプト

　スクリプトは R で実行したいプログラムを記述・編集する場所である．スクリプトの保存は
ツールバーの「File」⇒「Save」で行う．また，「Save as 」は上書き保存と同じような機能に
なる．

　RStudio では分析結果を確認して，その結果を基に新たな分析コードを書くといった対話的
なデータ分析がしやすいように，指示を出すところと結果が出力される場所が分れている．図
A.11 のように，実際に以下の手順を踏んで R のプログラムを実行してみよう．

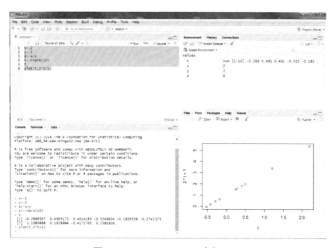

図 A.11　RStudio での実行画面

手順 1　スクリプトに以下のように入力する．

```
┌─ 出力ウィンドウ ──────────────────────────────

  x<-2
```

```
y<-2
z<-x+y
t<-rnorm(10)
t
plot(t,2*t+1)
```

手順 2 入力した範囲をドラッグする.

手順 3 ツールバーの Run をクリック（ Ctrl + Enter キーでも可）すると，実行した結果が後述 のコンソールおよびグラフに出力される.

④ コンソール

コンソールはスクリプトに記載された実行結果を反映するところである.

コンソールに直接コードを記述して実行することも可能だが，分析指示（コード）の再現性を高めるためにも，スクリプトに記述して保存することを勧める.

⑤ 保存されているオブジェクト（ファイル等）の保存

R では，インポートしたデータや集計した結果をオブジェクトに保存することができる.

⑥ グラフの表示

図 A.11 の右下は，作成したグラフを表示する場所である. また，RStudio は分析を進めていく上で非常に便利な機能の一つとして，出力した画像の保存はもちろん，Clipboard に保存して Excel や Powerpoint への貼り付けが容易に行うことができる.

図 A.11 の左上: Source Editor

インストール直後の RStudio の画面は，大きく 3 つに分かれている.「Console」は単独で，それら以外のペイン (区画) は、Tools > Global Options> Pane Layout で 2 つの区画に自由にアレンジできる. そこに「Source」ペインを開くことで，4 つの区画に分けられるが，配置はほとんど自由に変更できる. 左上の Source Editor 画面は，R のスクリプトやファイルなどを編集する場所である. ここで各種ファイルを開き，コードを編集して保存したり，そのコードを実行したりする. すると，その内容が Console へ順次送られて実行される.

ここで R スクリプトファイル[1]を作成し，それを実行する.

図 A.11 の左下: Console

R を対話的に操作するところであり，コマンドを記述して実行する.

⑦ 図 A.11 の右上: Environment, History など

Environment

R の環境を表示する. とりあえずは「今 R で読み込んだり作ったりしてるデータや変数と

---

1 R スクリプトファイル:R に限らず、一般にプログラミング言語のコードを書きためたものをソースコードと呼ぶ. R Markdown では，普通の文章も一緒に書き連ねることができる.

いったものが見られる」と考えておこう.

[History]

　Console で実行した内容の履歴である.ここから再度 Console に送ったり,Script に送ったりすることもできる.

⑧ 図 A.11 の右下: File, Plots, Packages, Help など

[File]

　ディレクトリ(フォルダ)にアクセスする.各ファイルをクリックするとその場で開くことができる.また名前の変更やディレクトリ作成などもできる.

[Plots]

　グラフなどを出力すると,ここに表示される.ここから画像などにエクスポートすることもできる.

[Packages]

　R の拡張パッケージを管理できる.

[Help]

　ヘルプウィンドウで,R の関数などを検索したり,ヘルプを閲覧することができる.Console で「?help 」と入力してヘルプを表示させる.

　RStudio はコードのソースエディタ内からの直接実行をサポートしている(実行されたコマンドは出力が入るコンソール内に挿入される).

単独行を実行する

　カーソルが現在あるソースコード行を実行するには[Ctrl]+[Enter]キーを押す(もしくは Run Line(s) ツールバーボタンを使う).

複数行を実行する

　複数行をエディタ内から実行するには,行を選択して[Ctrl]+[Enter]キー押す(あるいは Run Line(s) ツールバーボタンを使う).全文書を走らせるには[Ctrl]+[Shift]+[Enter]キーを押す(あるいは Run All ツールバーボタンを使う).

　上に書いたキーボードショートカット以外に利用可能な様々なショートカットがある.使用頻度が高いものを以下に記載する.

[Ctrl]+[Shift]+[N] - 新規文書作成

[Ctrl]+[O] - 文書を開く

[Ctrl]+[S] - 現在の文書を保存する

[Ctrl]+[1]- フォーカスをコンソールに移動

[Ctrl]+[2] - フォーカスをソースエディタに移動

参 考 文 献

　本書を著すにあたっては，多くの書籍・事典などを参考にさせていただきました．また，一部を引用させていただきました．引用にあたっては本文中に明記させていただいております．ここに心から感謝いたします．以下に，その中の R に関連した文献を中心にいくつかの文献をあげさせていただきます．

◆和書

[A1]　青木繁伸 (2009)『R による統計解析』オーム社（http://aoki2.si.gunma-u.ac.jp/R/ ）

[A2]　荒木孝治編著 (2009)『フリーソフトウェア R による統計的品質管理入門　第 2 版』日科技連

[A3]　大森崇・阪田真己子・宿久洋・第 2 版 (2014)『RCommander によるデータ解析』共立出版

[A4]　兼子 毅 (2015)『ゼロからはじめる R』日科技連

[A5]　金明哲 (2017)『R によるデータサイエンス（第 2 版）—データ解析の基礎から最新手法まで』森北出版

[A6]　熊谷悦生・舟尾暢男 (2007)『R で学ぶデータマイニング〈1〉データ解析の視点から』九天社

[A7]　里村卓也 (2014)『マーケティング・データ分析の基礎』共立出版

[A8]　杉山高一・藤越康悦編著 (2009)『統計データ解析入門』みみずく舎

[A9]　外山 信夫・辻谷 将明 (2015)『実践 R 統計分析』 オーム社

[A10]　中澤港 (2003)『R による統計解析の基礎』ピアソンエデュケーション

[A11]　長畑秀和 (2009)『R で学ぶ統計学』共立出版

[A12]　長畑秀和・中川豊隆・國米充之 (2013)『R コマンダーで学ぶ統計学』共立出版

[A13]　長畑秀和 (2017)『R で学ぶ多変量解析』朝倉書店

[A14]　野間口謙太郎・菊池泰樹（訳），Michael J. Crawley（著）(2016)『統計学：R を用いた入門書 第 2 版』共立出版

[A15]　伏見正則・逆瀬川浩孝 (2012)『R で学ぶ統計解析』朝倉書店

[A16]　舟尾暢男 (2007)『R Commander　ハンドブック』九天社

[A17]　舟尾暢男 (2016)『The R Tips 第 3 版—データ解析環境 R の基本技・グラフィックス活用集』オーム社

[A18]　舟尾暢男・高浪洋平 (2005)『データ解析環境「R」』工学社

[A19]　間瀬茂・神保雅一・鎌倉稔成・金藤浩司 (2004)『工学のためのデータサイエンス入門』数理工学社

[A20]　柳川尭 (1990)『統計数学』近代科学社

◆洋書

[B1] Crawley, M. J.(2005) *Statistics:An Introduction using R.* John Wiley & Sons, England

[B2] Dalgaard, P. (2002) *Introductory Statistics with R.* Springer-Verlag, New York

[B3] Fox, J. (2006) Getting started with the R Commander, パッケージ Rcmdr に付属

[B4] fullrefman (2016) R:ALanguageandEnvironmentfor StatisticalComputing

[B5] Maindonald, J. and Braun, J. (2003) *Data Analysis and Graphics Using R-an Example-based Approach.* Cambridge University Press, United Kingdom

◆ウェブページ

[C1] CRAN (The Comprehensive R Archive Network) http://www.R-project.org/

[C2] RjpWiki http://www.okadajp.org/RWiki/

[C3] 青木繁伸 http://aoki2.si.gunma-u.ac.jp/R/

数　値　表

付表1　標準正規分布表1
$$u(\alpha) \rightarrow \alpha/2$$

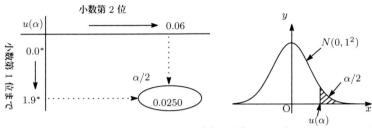

x 座標 $u(\alpha)$ に対して上側確率 (面積)$\alpha/2$ を与える

$u(\alpha)$	0.00	0.01	0.02	0.03	0.04	0.05	0.06	0.07	0.08	0.09
0.0	0.5000	0.4960	0.4920	0.4880	0.4840	0.4801	0.4761	0.4721	0.4681	0.4641
0.1	0.4602	0.4562	0.4522	0.4483	0.4443	0.4404	0.4364	0.4325	0.4286	0.4247
0.2	0.4207	0.4168	0.4129	0.4090	0.4052	0.4013	0.3974	0.3936	0.3897	0.3859
0.3	0.3821	0.3783	0.3745	0.3707	0.3669	0.3632	0.3594	0.3557	0.3520	0.3483
0.4	0.3446	0.3409	0.3372	0.3336	0.3300	0.3264	0.3228	0.3192	0.3156	0.3121
0.5	0.3085	0.3050	0.3015	0.2981	0.2946	0.2912	0.2877	0.2843	0.2810	0.2776
0.6	0.2743	0.2709	0.2676	0.2643	0.2611	0.2578	0.2546	0.2514	0.2483	0.2451
0.7	0.2420	0.2389	0.2358	0.2327	0.2296	0.2266	0.2236	0.2206	0.2177	0.2148
0.8	0.2119	0.2090	0.2061	0.2033	0.2005	0.1977	0.1949	0.1922	0.1894	0.1867
0.9	0.1841	0.1814	0.1788	0.1762	0.1736	0.1711	0.1685	0.1660	0.1635	0.1611
1.0	0.1587	0.1562	0.1539	0.1515	0.1492	0.1469	0.1446	0.1423	0.1401	0.1379
1.1	0.1357	0.1335	0.1314	0.1292	0.1271	0.1251	0.1230	0.1210	0.1190	0.1170
1.2	0.1151	0.1131	0.1112	0.1093	0.1075	0.1056	0.1038	0.1020	0.1003	0.0985
1.3	0.0968	0.0951	0.0934	0.0918	0.0901	0.0885	0.0869	0.0853	0.0838	0.0823
1.4	0.0808	0.0793	0.0778	0.0764	0.0749	0.0735	0.0721	0.0708	0.0694	0.0681
1.5	0.0668	0.0655	0.0643	0.0630	0.0618	0.0606	0.0594	0.0582	0.0571	0.0559
1.6	0.0548	0.0537	0.0526	0.0516	0.0505	0.0495	0.0485	0.0475	0.0465	0.0455
1.7	0.0446	0.0436	0.0427	0.0418	0.0409	0.0401	0.0392	0.0384	0.0375	0.0367
1.8	0.0359	0.0351	0.0344	0.0336	0.0329	0.0322	0.0314	0.0307	0.0301	0.0294
1.9	0.0287	0.0281	0.0274	0.0268	0.0262	0.0256	0.0250	0.0244	0.0239	0.0233
2.0	0.0228	0.0222	0.0217	0.0212	0.0207	0.0202	0.0197	0.0192	0.0188	0.0183
2.1	0.0179	0.0174	0.0170	0.0166	0.0162	0.0158	0.0154	0.0150	0.0146	0.0143
2.2	0.0139	0.0136	0.0132	0.0129	0.0125	0.0122	0.0119	0.0116	0.0113	0.0110
2.3	0.0107	0.0104	0.0102	0.0099	0.0096	0.0094	0.0091	0.0089	0.0087	0.0084
2.4	0.0082	0.0080	0.0078	0.0075	0.0073	0.0071	0.0069	0.0068	0.0066	0.0064
2.5	0.0062	0.0060	0.0059	0.0057	0.0055	0.0054	0.0052	0.0051	0.0049	0.0048
2.6	0.0047	0.0045	0.0044	0.0043	0.0041	0.0040	0.0039	0.0038	0.0037	0.0036
2.7	0.0035	0.0034	0.0033	0.0032	0.0031	0.0030	0.0029	0.0028	0.0027	0.0026
2.8	0.0026	0.0025	0.0024	0.0023	0.0023	0.0022	0.0021	0.0021	0.0020	0.0019
2.9	0.0019	0.0018	0.0018	0.0017	0.0016	0.0016	0.0015	0.0015	0.0014	0.0014
3.0	0.0013	0.0013	0.0013	0.0012	0.0012	0.0011	0.0011	0.0011	0.0010	0.0010
3.1	0.0010	0.0009	0.0009	0.0009	0.0008	0.0008	0.0008	0.0008	0.0007	0.0007
3.2	0.0007	0.0007	0.0006	0.0006	0.0006	0.0006	0.0006	0.0005	0.0005	0.0005
3.3	0.0005	0.0005	0.0005	0.0004	0.0004	0.0004	0.0004	0.0004	0.0004	0.0003
3.4	0.0003	0.0003	0.0003	0.0003	0.0003	0.0003	0.0003	0.0003	0.0003	0.0002
3.5	0.0002	0.0002	0.0002	0.0002	0.0002	0.0002	0.0002	0.0002	0.0002	0.0002

付表 2　標準正規分布表 2

$$\alpha \to u(\alpha)$$

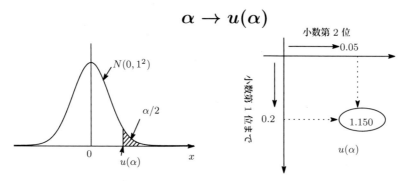

両側確率 (面積)α に対して正の x 座標 $u(\alpha)$ を与える

α	0.00	0.01	0.02	0.03	0.04	0.05	0.06	0.07	0.08	0.09
0.0	∞	2.576	2.326	2.170	2.054	1.960	1.881	1.812	1.751	1.695
0.1	1.645	1.598	1.555	1.514	1.476	1.440	1.405	1.372	1.341	1.311
0.2	1.282	1.254	1.227	1.200	1.175	1.150	1.126	1.103	1.080	1.058
0.3	1.036	1.015	0.994	0.974	0.954	0.935	0.915	0.896	0.878	0.860
0.4	0.842	0.824	0.806	0.789	0.772	0.755	0.739	0.722	0.706	0.690
0.5	0.674	0.659	0.643	0.628	0.613	0.598	0.583	0.568	0.553	0.539
0.6	0.524	0.510	0.496	0.482	0.468	0.454	0.440	0.426	0.412	0.399
0.7	0.385	0.372	0.358	0.345	0.332	0.319	0.305	0.292	0.279	0.266
0.8	0.253	0.240	0.228	0.215	0.202	0.189	0.176	0.164	0.151	0.138
0.9	0.126	0.113	0.100	0.088	0.075	0.063	0.050	0.038	0.025	0.013

係 数 表

標準偏差, 範囲等に関する係数表

群の大きさ n	m_3	d_2	d_3	c_2^*	c_3^*
2	1.000	1.128	0.853	0.7979	0.6028
3	1.160	1.693	0.888	0.8862	0.4632
4	1.092	2.059	0.880	0.9213	0.3888
5	1.198	2.326	0.864	0.9400	0.3412
6	1.135	2.534	0.848	0.9515	0.3076
7	1.214	2.704	0.833	0.9594	0.2822
8	1.160	2.847	0.820	0.9650	0.2458
9	1.223	2.970	0.808	0.9693	0.2458
10	1.177	3.078	0.797	0.9727	0.2322
$\cdots$					
20 以上				$1 - \dfrac{1}{4n}$	$\dfrac{1}{\sqrt{2n}}$

付表3　χ^2 分布表

$\alpha \rightarrow \chi^2(n, \alpha)$

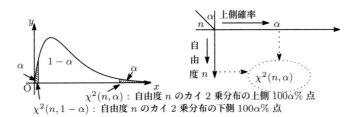

$\chi^2(n, \alpha)$：自由度 n のカイ 2 乗分布の上側 100α% 点
$\chi^2(n, 1-\alpha)$：自由度 n のカイ 2 乗分布の下側 100α% 点

各自由度 n について，**上側確率 (面積)**α に対して x 座標 $\chi^2(n, \alpha)$ を与える

$n\backslash\alpha$	0.995	0.99	0.975	0.95	0.90	0.10	**0.05**	0.025	**0.01**	0.005
1	1*	2*	3*	4*	0.0158	2.71	3.84	5.02	6.63	7.88
2	0.0100	0.0201	0.0506	0.103	0.211	4.61	5.99	7.38	9.21	10.60
3	0.0717	0.115	0.216	0.352	0.584	6.25	7.81	9.35	11.34	12.84
4	0.207	0.297	0.484	0.711	1.06	7.78	9.49	11.14	13.28	14.86
5	0.412	0.554	0.831	1.15	1.61	9.24	11.07	12.83	15.09	16.75
6	0.676	0.872	1.24	1.64	2.20	10.64	12.59	14.45	16.81	18.55
7	0.989	1.24	1.69	2.17	2.83	12.02	14.07	16.01	18.48	20.28
8	1.34	1.65	2.18	2.73	3.49	13.36	15.51	17.53	20.09	21.95
9	1.73	2.09	2.70	3.33	4.17	14.68	16.92	19.02	21.67	23.59
10	2.16	2.56	3.25	3.94	4.87	15.99	18.31	20.48	23.21	25.19
11	2.60	3.05	3.82	4.57	5.58	17.28	19.68	21.92	24.73	26.76
12	3.07	3.57	4.40	5.23	6.30	18.55	21.03	23.34	26.22	28.30
13	3.57	4.11	5.01	5.89	7.04	19.81	22.36	24.74	27.69	29.82
14	4.07	4.66	5.63	6.57	7.79	21.06	23.68	26.12	29.14	31.32
15	4.60	5.23	6.26	7.26	8.55	22.31	25.00	27.49	30.58	32.80
16	5.14	5.81	6.91	7.96	9.31	23.54	26.30	28.85	32.00	34.27
17	5.70	6.41	7.56	8.67	10.09	24.77	27.59	30.19	33.41	35.72
18	6.26	7.01	8.23	9.39	10.86	25.99	28.87	31.53	34.81	37.16
19	6.84	7.63	8.91	10.12	11.65	27.20	30.14	32.85	36.19	38.58
20	7.43	8.26	9.59	10.85	12.44	28.41	31.41	34.17	37.57	40.00
21	8.03	8.90	10.28	11.59	13.24	29.62	32.67	35.48	38.93	41.40
22	8.64	9.54	10.98	12.34	14.04	30.81	33.92	36.78	40.29	42.80
23	9.26	10.20	11.69	13.09	14.85	32.01	35.17	38.08	41.64	44.18
24	9.89	10.86	12.40	13.85	15.66	33.20	36.42	39.36	42.98	45.56
25	10.52	11.52	13.12	14.61	16.47	34.38	37.65	40.65	44.31	46.93
26	11.16	12.20	13.84	15.38	17.29	35.56	38.89	41.92	45.64	48.29
27	11.81	12.88	14.57	16.15	18.11	36.74	40.11	43.19	46.96	49.65
28	12.46	13.56	15.31	16.93	18.94	37.92	41.34	44.46	48.28	50.99
29	13.12	14.26	16.05	17.71	19.77	39.09	42.56	45.72	49.59	52.34
30	13.79	14.95	16.79	18.49	20.60	40.26	43.77	46.98	50.89	53.67
40	20.71	22.16	24.43	26.51	29.05	51.81	55.76	59.34	63.69	66.77
50	27.99	29.71	32.36	34.76	37.69	63.17	67.50	71.42	76.15	79.49
60	35.53	37.48	40.48	43.19	46.46	74.40	79.08	83.30	88.38	91.95
70	43.28	45.44	48.76	51.74	55.33	85.53	90.53	95.02	100.43	104.21
80	51.17	53.54	57.15	60.39	64.28	96.58	101.88	106.63	112.33	116.32
90	59.20	61.75	65.65	69.13	73.29	107.57	113.15	118.14	124.12	128.30
100	67.33	70.06	74.22	77.93	82.36	118.50	124.34	129.56	135.81	140.17

なお，$1^* = 0.0^4393$，$2^* = 0.0^3157$，$3^* = 0.0^3982$，$4^* = 0.00393$ である.

付表4　t分布表
$\alpha \to t(n,\alpha)$

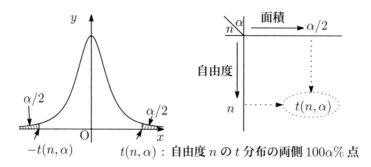

$t(n,\alpha)$：自由度 n の t 分布の両側 $100\alpha\%$ 点

各自由度 n について，**両側確率 (面積)** α に対して**正の** x 座標 $t(n,\alpha)$ を与える

$n\backslash\alpha$	0.5	0.4	0.3	0.2	0.1	0.05	0.02	0.01	0.001
1	1.000	1.376	1.963	3.078	6.314	12.706	31.821	63.657	636.619
2	0.816	1.061	1.386	1.886	2.920	4.303	6.965	9.925	31.599
3	0.765	0.978	1.250	1.638	2.353	3.182	4.541	5.841	12.924
4	0.741	0.941	1.190	1.533	2.132	2.776	3.747	4.604	8.610
5	0.727	0.920	1.156	1.476	2.015	2.571	3.365	4.032	6.869
6	0.718	0.906	1.134	1.440	1.943	2.447	3.143	3.707	5.959
7	0.711	0.896	1.119	1.415	1.895	2.365	2.998	3.499	5.408
8	0.706	0.889	1.108	1.397	1.860	2.306	2.896	3.355	5.041
9	0.703	0.883	1.100	1.383	1.833	2.262	2.821	3.250	4.781
10	0.700	0.879	1.093	1.372	1.812	2.228	2.764	3.169	4.587
11	0.697	0.876	1.088	1.363	1.796	2.201	2.718	3.106	4.437
12	0.695	0.873	1.083	1.356	1.782	2.179	2.681	3.055	4.318
13	0.694	0.870	1.079	1.350	1.771	2.160	2.650	3.012	4.221
14	0.692	0.868	1.076	1.345	1.761	2.145	2.624	2.977	4.140
15	0.691	0.866	1.074	1.341	1.753	2.131	2.602	2.947	4.073
16	0.690	0.865	1.071	1.337	1.746	2.120	2.583	2.921	4.015
17	0.689	0.863	1.069	1.333	1.740	2.110	2.567	2.898	3.965
18	0.688	0.862	1.067	1.330	1.734	2.101	2.552	2.878	3.922
19	0.688	0.861	1.066	1.328	1.729	2.093	2.539	2.861	3.883
20	0.687	0.860	1.064	1.325	1.725	2.086	2.528	2.845	3.850
21	0.686	0.859	1.063	1.323	1.721	2.080	2.518	2.831	3.819
22	0.686	0.858	1.061	1.321	1.717	2.074	2.508	2.819	3.792
23	0.685	0.858	1.060	1.319	1.714	2.069	2.500	2.807	3.768
24	0.685	0.857	1.059	1.318	1.711	2.064	2.492	2.797	3.745
25	0.684	0.856	1.058	1.316	1.708	2.060	2.485	2.787	3.725
26	0.684	0.856	1.058	1.315	1.706	2.056	2.479	2.779	3.707
27	0.684	0.855	1.057	1.314	1.703	2.052	2.473	2.771	3.690
28	0.683	0.855	1.056	1.313	1.701	2.048	2.467	2.763	3.674
29	0.683	0.854	1.055	1.311	1.699	2.045	2.462	2.756	3.659
30	0.683	0.854	1.055	1.310	1.697	2.042	2.457	2.750	3.646
40	0.681	0.851	1.050	1.303	1.684	2.021	2.423	2.704	3.551
60	0.679	0.848	1.045	1.296	1.671	2.000	2.390	2.660	3.460
120	0.677	0.845	1.041	1.289	1.658	1.980	2.358	2.617	3.373
∞	0.6745	0.8416	1.0364	1.2816	1.6449	1.9600	2.3263	2.5758	3.2905

付表5　*F*分布表(5%点)

$$0.05 \rightarrow F(m, n; 0.05)$$

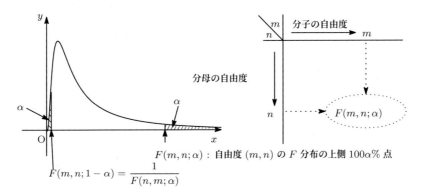

$F(m, n; \alpha)$：自由度 (m, n) の F 分布の上側 100α% 点

$$F(m, n; 1-\alpha) = \frac{1}{F(n, m; \alpha)}$$

上側確率 (面積)0.05 に対して x 座標 $F(m, n; 0.05)$ を与える

$n \backslash m$	1	2	3	4	5	6	7	8	9	10
1	161.4476	199.5000	215.7073	224.5832	230.1619	233.9860	236.7684	238.8827	240.5433	241.8817
2	18.5128	19.0000	19.1643	19.2468	19.2964	19.3295	19.3532	19.3710	19.3848	19.3959
3	10.1280	9.5521	9.2766	9.1172	9.0135	8.9406	8.8867	8.8452	8.8123	8.7855
4	7.7086	6.9443	6.5914	6.3882	6.2561	6.1631	6.0942	6.0410	5.9988	5.9644
5	6.6079	5.7861	5.4095	5.1922	5.0503	4.9503	4.8759	4.8183	4.7725	4.7351
6	5.9874	5.1433	4.7571	4.5337	4.3874	4.2839	4.2067	4.1468	4.0990	4.0600
7	5.5914	4.7374	4.3468	4.1203	3.9715	3.8660	3.7870	3.7257	3.6767	3.6365
8	5.3177	4.4590	4.0662	3.8379	3.6875	3.5806	3.5005	3.4381	3.3881	3.3472
9	5.1174	4.2565	3.8625	3.6331	3.4817	3.3738	3.2927	3.2296	3.1789	3.1373
10	4.9646	4.1028	3.7083	3.4780	3.3258	3.2172	3.1355	3.0717	3.0204	2.9782
11	4.8443	3.9823	3.5874	3.3567	3.2039	3.0946	3.0123	2.9480	2.8962	2.8536
12	4.7472	3.8853	3.4903	3.2592	3.1059	2.9961	2.9134	2.8486	2.7964	2.7534
13	4.6672	3.8056	3.4105	3.1791	3.0254	2.9153	2.8321	2.7669	2.7144	2.6710
14	4.6001	3.7389	3.3439	3.1122	2.9582	2.8477	2.7642	2.6987	2.6458	2.6022
15	4.5431	3.6823	3.2874	3.0556	2.9013	2.7905	2.7066	2.6408	2.5876	2.5437
16	4.4940	3.6337	3.2389	3.0069	2.8524	2.7413	2.6572	2.5911	2.5377	2.4935
17	4.4513	3.5915	3.1968	2.9647	2.8100	2.6987	2.6143	2.5480	2.4943	2.4499
18	4.4139	3.5546	3.1599	2.9277	2.7729	2.6613	2.5767	2.5102	2.4563	2.4117
19	4.3807	3.5219	3.1274	2.8951	2.7401	2.6283	2.5435	2.4768	2.4227	2.3779
20	4.3512	3.4928	3.0984	2.8661	2.7109	2.5990	2.5140	2.4471	2.3928	2.3479
21	4.3248	3.4668	3.0725	2.8401	2.6848	2.5727	2.4876	2.4205	2.3660	2.3210
22	4.3009	3.4434	3.0491	2.8167	2.6613	2.5491	2.4638	2.3965	2.3419	2.2967
23	4.2793	3.4221	3.0280	2.7955	2.6400	2.5277	2.4422	2.3748	2.3201	2.2747
24	4.2597	3.4028	3.0088	2.7763	2.6207	2.5082	2.4226	2.3551	2.3002	2.2547
25	4.2417	3.3852	2.9912	2.7587	2.6030	2.4904	2.4047	2.3371	2.2821	2.2365
26	4.2252	3.3690	2.9752	2.7426	2.5868	2.4741	2.3883	2.3205	2.2655	2.2197
27	4.2100	3.3541	2.9604	2.7278	2.5719	2.4591	2.3732	2.3053	2.2501	2.2043
28	4.1960	3.3404	2.9467	2.7141	2.5581	2.4453	2.3593	2.2913	2.2360	2.1900
29	4.1830	3.3277	2.9340	2.7014	2.5454	2.4324	2.3463	2.2783	2.2229	2.1768
30	4.1709	3.3158	2.9223	2.6896	2.5336	2.4205	2.3343	2.2662	2.2107	2.1646
40	4.0847	3.2317	2.8387	2.6060	2.4495	2.3359	2.2490	2.1802	2.1240	2.0772
60	4.0012	3.1504	2.7581	2.5252	2.3683	2.2541	2.1665	2.0970	2.0401	1.9926
120	3.9201	3.0718	2.6802	2.4472	2.2899	2.1750	2.0868	2.0164	1.9588	1.9105
∞	3.8415	2.9957	2.6049	2.3719	2.2141	2.0986	2.0096	1.9384	1.8799	1.8307

付表6　F分布表(5%点)

$0.05 \to F(m, n; 0.05)$

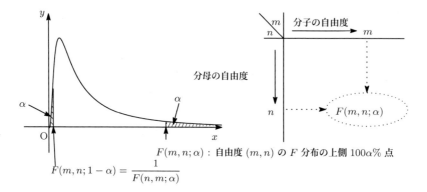

$F(m, n; \alpha)$：自由度 (m, n) の F 分布の上側 $100\alpha\%$ 点

$$F(m, n; 1 - \alpha) = \frac{1}{F(n, m; \alpha)}$$

上側確率 (面積) 0.05 に対して x **座標** $F(m, n; 0.05)$ を与える

$n\backslash m$	12	15	20	24	30	40	60	120	∞
1	243.9060	245.9499	248.0131	249.0518	250.0951	251.1432	252.1957	253.2529	254.3144
2	19.4125	19.4291	19.4458	19.4541	19.4624	19.4707	19.4791	19.4874	19.4957
3	8.7446	8.7029	8.6602	8.6385	8.6166	8.5944	8.5720	8.5494	8.5264
4	5.9117	5.8578	5.8025	5.7744	5.7459	5.7170	5.6877	5.6581	5.6281
5	4.6777	4.6188	4.5581	4.5272	4.4957	4.4638	4.4314	4.3985	4.3650
6	3.9999	3.9381	3.8742	3.8415	3.8082	3.7743	3.7398	3.7047	3.6689
7	3.5747	3.5107	3.4445	3.4105	3.3758	3.3404	3.3043	3.2674	3.2298
8	3.2839	3.2184	3.1503	3.1152	3.0794	3.0428	3.0053	2.9669	2.9276
9	3.0729	3.0061	2.9365	2.9005	2.8637	2.8259	2.7872	2.7475	2.7067
10	2.9130	2.8450	2.7740	2.7372	2.6996	2.6609	2.6211	2.5801	2.5379
11	2.7876	2.7186	2.6464	2.6090	2.5705	2.5309	2.4901	2.4480	2.4045
12	2.6866	2.6169	2.5436	2.5055	2.4663	2.4259	2.3842	2.3410	2.2962
13	2.6037	2.5331	2.4589	2.4202	2.3803	2.3392	2.2966	2.2524	2.2064
14	2.5342	2.4630	2.3879	2.3487	2.3082	2.2664	2.2229	2.1778	2.1307
15	2.4753	2.4034	2.3275	2.2878	2.2468	2.2043	2.1601	2.1141	2.0658
16	2.4247	2.3522	2.2756	2.2354	2.1938	2.1507	2.1058	2.0589	2.0096
17	2.3807	2.3077	2.2304	2.1898	2.1477	2.1040	2.0584	2.0107	1.9604
18	2.3421	2.2686	2.1906	2.1497	2.1071	2.0629	2.0166	1.9681	1.9168
19	2.3080	2.2341	2.1555	2.1141	2.0712	2.0264	1.9795	1.9302	1.8780
20	2.2776	2.2033	2.1242	2.0825	2.0391	1.9938	1.9464	1.8963	1.8432
21	2.2504	2.1757	2.0960	2.0540	2.0102	1.9645	1.9165	1.8657	1.8117
22	2.2258	2.1508	2.0707	2.0283	1.9842	1.9380	1.8894	1.8380	1.7831
23	2.2036	2.1282	2.0476	2.0050	1.9605	1.9139	1.8648	1.8128	1.7570
24	2.1834	2.1077	2.0267	1.9838	1.9390	1.8920	1.8424	1.7896	1.7330
25	2.1649	2.0889	2.0075	1.9643	1.9192	1.8718	1.8217	1.7684	1.7110
26	2.1479	2.0716	1.9898	1.9464	1.9010	1.8533	1.8027	1.7488	1.6906
27	2.1323	2.0558	1.9736	1.9299	1.8842	1.8361	1.7851	1.7306	1.6717
28	2.1179	2.0411	1.9586	1.9147	1.8687	1.8203	1.7689	1.7138	1.6541
29	2.1045	2.0275	1.9446	1.9005	1.8543	1.8055	1.7537	1.6981	1.6376
30	2.0921	2.0148	1.9317	1.8874	1.8409	1.7918	1.7396	1.6835	1.6223
40	2.0035	1.9245	1.8389	1.7929	1.7444	1.6928	1.6373	1.5766	1.5089
60	1.9174	1.8364	1.7480	1.7001	1.6491	1.5943	1.5343	1.4673	1.3893
120	1.8337	1.7505	1.6587	1.6084	1.5543	1.4952	1.4290	1.3519	1.2539
∞	1.7522	1.6664	1.5705	1.5173	1.4591	1.3940	1.3180	1.2214	1.0000

付表7　F分布表(1%点)

$$0.01 \rightarrow F(m, n; 0.01)$$

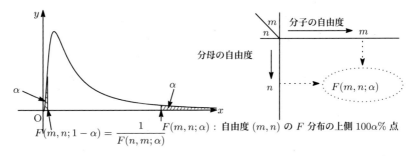

$$F(m, n; 1 - \alpha) = \frac{1}{F(n, m; \alpha)}$$ $F(m, n; \alpha)$：自由度 (m, n) の F 分布の上側 $100\alpha\%$ 点

上側確率 (面積)0.01 に対し x 座標 $F(m, n; 0.01)$ を与える

$n\backslash m$	1	2	3	4	5	6	7	8	9	10
1	4052.18	4999.50	5403.35	5624.58	5763.65	5858.99	5928.36	5981.07	6022.47	6055.85
2	98.5025	99.0000	99.1662	99.2494	99.2993	99.3326	99.3564	99.3742	99.3881	99.3992
3	34.1162	30.8165	29.4567	28.7099	28.2371	27.9107	27.6717	27.4892	27.3452	27.2287
4	21.1977	18.0000	16.6944	15.9770	15.5219	15.2069	14.9758	14.7989	14.6591	14.5459
5	16.2582	13.2739	12.0600	11.3919	10.9670	10.6723	10.4555	10.2893	10.1578	10.0510
6	13.7450	10.9248	9.7795	9.1483	8.7459	8.4661	8.2600	8.1017	7.9761	7.8741
7	12.2464	9.5466	8.4513	7.8466	7.4604	7.1914	6.9928	6.8400	6.7188	6.6201
8	11.2586	8.6491	7.5910	7.0061	6.6318	6.3707	6.1776	6.0289	5.9106	5.8143
9	10.5614	8.0215	6.9919	6.4221	6.0569	5.8018	5.6129	5.4671	5.3511	5.2565
10	10.0443	7.5594	6.5523	5.9943	5.6363	5.3858	5.2001	5.0567	4.9424	4.8491
11	9.6460	7.2057	6.2167	5.6683	5.3160	5.0692	4.8861	4.7445	4.6315	4.5393
12	9.3302	6.9266	5.9525	5.4120	5.0643	4.8206	4.6395	4.4994	4.3875	4.2961
13	9.0738	6.7010	5.7394	5.2053	4.8616	4.6204	4.4410	4.3021	4.1911	4.1003
14	8.8616	6.5149	5.5639	5.0354	4.6950	4.4558	4.2779	4.1399	4.0297	3.9394
15	8.6831	6.3589	5.4170	4.8932	4.5556	4.3183	4.1415	4.0045	3.8948	3.8049
16	8.5310	6.2262	5.2922	4.7726	4.4374	4.2016	4.0259	3.8896	3.7804	3.6909
17	8.3997	6.1121	5.1850	4.6690	4.3359	4.1015	3.9267	3.7910	3.6822	3.5931
18	8.2854	6.0129	5.0919	4.5790	4.2479	4.0146	3.8406	3.7054	3.5971	3.5082
19	8.1849	5.9259	5.0103	4.5003	4.1708	3.9386	3.7653	3.6305	3.5225	3.4338
20	8.0960	5.8489	4.9382	4.4307	4.1027	3.8714	3.6987	3.5644	3.4567	3.3682
21	8.0166	5.7804	4.8740	4.3688	4.0421	3.8117	3.6396	3.5056	3.3981	3.3098
22	7.9454	5.7190	4.8166	4.3134	3.9880	3.7583	3.5867	3.4530	3.3458	3.2576
23	7.8811	5.6637	4.7649	4.2636	3.9392	3.7102	3.5390	3.4057	3.2986	3.2106
24	7.8229	5.6136	4.7181	4.2184	3.8951	3.6667	3.4959	3.3629	3.2560	3.1681
25	7.7698	5.5680	4.6755	4.1774	3.8550	3.6272	3.4568	3.3239	3.2172	3.1294
26	7.7213	5.5263	4.6366	4.1400	3.8183	3.5911	3.4210	3.2884	3.1818	3.0941
27	7.6767	5.4881	4.6009	4.1056	3.7848	3.5580	3.3882	3.2558	3.1494	3.0618
28	7.6356	5.4529	4.5681	4.0740	3.7539	3.5276	3.3581	3.2259	3.1195	3.0320
29	7.5977	5.4204	4.5378	4.0449	3.7254	3.4995	3.3303	3.1982	3.0920	3.0045
30	7.5625	5.3903	4.5097	4.0179	3.6990	3.4735	3.3045	3.1726	3.0665	2.9791
40	7.3141	5.1785	4.3126	3.8283	3.5138	3.2910	3.1238	2.9930	2.8876	2.8005
60	7.0771	4.9774	4.1259	3.6490	3.3389	3.1187	2.9530	2.8233	2.7185	2.6318
120	6.8509	4.7865	3.9491	3.4795	3.1735	2.9559	2.7918	2.6629	2.5586	2.4721
∞	6.6349	4.6052	3.7816	3.3192	3.0173	2.8020	2.6393	2.5113	2.4073	2.3209

付表8　F分布表(1%点)

$0.01 \rightarrow F(m, n; 0.01)$

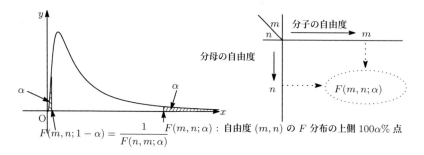

$$F(m, n; 1 - \alpha) = \frac{1}{F(n, m; \alpha)}$$ $F(m, n; \alpha)$：自由度 (m, n) の F 分布の上側 $100\alpha\%$ 点

上側確率 (面積) 0.01 に対し x 座標 $F(m, n; 0.01)$ を与える

$n\backslash m$	12	15	20	24	30	40	60	120	∞
1	6106.32	6157.28	6208.73	6234.63	6260.65	6286.78	6313.03	6339.39	6365.86
2	99.4159	99.4325	99.4492	99.4575	99.4658	99.4742	99.4825	99.4908	99.4992
3	27.0518	26.8722	26.6898	26.5975	26.5045	26.4108	26.3164	26.2211	26.1252
4	14.3736	14.1982	14.0196	13.9291	13.8377	13.7454	13.6522	13.5581	13.4631
5	9.8883	9.7222	9.5526	9.4665	9.3793	9.2912	9.2020	9.1118	9.0204
6	7.7183	7.5590	7.3958	7.3127	7.2285	7.1432	7.0567	6.9690	6.8800
7	6.4691	6.3143	6.1554	6.0743	5.9920	5.9084	5.8236	5.7373	5.6495
8	5.6667	5.5151	5.3591	5.2793	5.1981	5.1156	5.0316	4.9461	4.8588
9	5.1114	4.9621	4.8080	4.7290	4.6486	4.5666	4.4831	4.3978	4.3105
10	4.7059	4.5581	4.4054	4.3269	4.2469	4.1653	4.0819	3.9965	3.9090
11	4.3974	4.2509	4.0990	4.0209	3.9411	3.8596	3.7761	3.6904	3.6024
12	4.1553	4.0096	3.8584	3.7805	3.7008	3.6192	3.5355	3.4494	3.3608
13	3.9603	3.8154	3.6646	3.5868	3.5070	3.4253	3.3413	3.2548	3.1654
14	3.8001	3.6557	3.5052	3.4274	3.3476	3.2656	3.1813	3.0942	3.0040
15	3.6662	3.5222	3.3719	3.2940	3.2141	3.1319	3.0471	2.9595	2.8684
16	3.5527	3.4089	3.2587	3.1808	3.1007	3.0182	2.9330	2.8447	2.7528
17	3.4552	3.3117	3.1615	3.0835	3.0032	2.9205	2.8348	2.7459	2.6530
18	3.3706	3.2273	3.0771	2.9990	2.9185	2.8354	2.7493	2.6597	2.5660
19	3.2965	3.1533	3.0031	2.9249	2.8442	2.7608	2.6742	2.5839	2.4893
20	3.2311	3.0880	2.9377	2.8594	2.7785	2.6947	2.6077	2.5168	2.4212
21	3.1730	3.0300	2.8796	2.8010	2.7200	2.6359	2.5484	2.4568	2.3603
22	3.1209	2.9779	2.8274	2.7488	2.6675	2.5831	2.4951	2.4029	2.3055
23	3.0740	2.9311	2.7805	2.7017	2.6202	2.5355	2.4471	2.3542	2.2558
24	3.0316	2.8887	2.7380	2.6591	2.5773	2.4923	2.4035	2.3100	2.2107
25	2.9931	2.8502	2.6993	2.6203	2.5383	2.4530	2.3637	2.2696	2.1694
26	2.9578	2.8150	2.6640	2.5848	2.5026	2.4170	2.3273	2.2325	2.1315
27	2.9256	2.7827	2.6316	2.5522	2.4699	2.3840	2.2938	2.1985	2.0965
28	2.8959	2.7530	2.6017	2.5223	2.4397	2.3535	2.2629	2.1670	2.0642
29	2.8685	2.7256	2.5742	2.4946	2.4118	2.3253	2.2344	2.1379	2.0342
30	2.8431	2.7002	2.5487	2.4689	2.3860	2.2992	2.2079	2.1108	2.0062
40	2.6648	2.5216	2.3689	2.2880	2.2034	2.1142	2.0194	1.9172	1.8047
60	2.4961	2.3523	2.1978	2.1154	2.0285	1.9360	1.8363	1.7263	1.6006
120	2.3363	2.1915	2.0346	1.9500	1.8600	1.7628	1.6557	1.5330	1.3805
∞	2.1847	2.0385	1.8783	1.7908	1.6964	1.5923	1.4730	1.3246	1.0000

索引

著者紹介

長畑 秀和（ながはた ひでかず）

岡山大学名誉教授
博士(理学)
1979年 九州大学大学院理学研究科数学専攻前期博士課程修了。
1980年 九州大学大学院理学研究科数学専攻後期博士課程中退。

1980年 大阪大学基礎工学部教務職員，1985年 大阪大学基礎工学部助手，1987年 作陽短期大学 助教授，1990年 兵庫県立姫路短期大学助教授，1991年 岡山大学教育学部助教授，1999年 岡山大学経済学部教授，2020年3月 岡山大学退職（岡山大学名誉教授），2020年 環太平洋大学経営学部教授，2023年 同大学退職。
専門は統計学。著書に『Rで学ぶマーケティングリサーチ』(日科技連出版社，2022)，『Pythonで理解を深める統計学』(共立出版，2021)，『Rで学ぶデータサイエンス』(朝倉書店，2018)，『Rで学ぶ多変量解析』(朝倉書店，2017)，『Rで学ぶ実験計画法』(朝倉書店，2016)などがある。

中川 豊隆（なかがわ とよたか）

岡山大学学術研究院社会文化科学学域教授
博士(経済学)
2005年 名古屋大学大学院経済学研究科産業経営システム専攻博士後期課程修了。

2005年 岡山大学経済学部助教授，2007年 岡山大学大学院社会文化科学研究科准教授，2021年 岡山大学学術研究院社会文化科学学域教授。
専門は財務会計，制度会計。著書に『会計アノマリーの研究』(御茶の水書房，2020)，『Rコマンダーで学ぶ統計学』(共立出版，共著，2013)，『財務情報の信頼性－会計と監査の挑戦－』(税務経理協会，分担執筆，2008)がある。

山西 佑季（やまにし ゆうき）

熊本県立大学総合管理学部准教授
博士(経済学)
2010年 名古屋大学大学院経済学研究科産業経営システム専攻博士後期課程修了。

2010年 熊本県立大学総合管理学部講師，2014年 熊本県立大学総合管理学部准教授。
専門は財務会計。著書に『総合知の地平』(九州大学出版会，分担執筆，2014)がある。

◎本書スタッフ
編集長：石井 沙知
編集：山根 加那子
組版協力：阿瀬 はる美、高山 哲司
表紙デザイン：tplot.inc 中沢 岳志
技術開発・システム支援：インプレスR&D NextPublishingセンター

●本書の内容についてのお問い合わせ先
近代科学社Digital　メール窓口
kdd-info@kindaikagaku.co.jp
件名に「『本書名』問い合わせ係」と明記してお送りください。
電話やFAX、郵便でのご質問にはお答えできません。返信までには、しばらくお時間をいただく場合があります。なお、本書の範囲を超えるご質問にはお答えしかねますので、あらかじめご了承ください。

R言語入門

2023年4月28日　初版発行Ver.1.0

著　者　長畑 秀和,中川 豊隆,山西 佑季
発行人　大塚 浩昭
発　行　近代科学社Digital
販　売　株式会社 近代科学社
　　　　〒101-0051
　　　　東京都千代田区神田神保町1丁目105番地
　　　　https://www.kindaikagaku.co.jp

印刷・製本　京葉流通倉庫株式会社
Printed in Japan

ISBN978-4-7649-6051-0

近代科学社 Digital は、株式会社近代科学社が推進する21世紀型の理工系出版レーベ
ルです。デジタルパワーを積極活用することで、オンデマンド型のスピーディで持続可能
な出版モデルを提案します。

近代科学社 Digital は株式会社インプレス R&D が開発したデジタルファースト出版プラットフォーム
"NextPublishing" との協業で実現しています。

 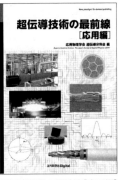